AF258653

LA RÉPUBLIQUE
UNE ET INDIVISIBLE
OU LA MORT.

SUITE DU PROCÈS - VERBAL des Séances tenues dans l'Église Saint - Paterne d'Orléans, par le Citoyen LAPLANCHE, Représentant du Peuple dans le Département du Loiret.

AUJOURD'HUI deuxième jour de la troisième décade du premier mois de la deuxième année de la République Françoise, à quatre heures & demie du soir ; conformément à la Lettre écrite dans le jour d'hier par le Citoyen Laplanche, Représentant du Peuple dans le Département du Loiret, aux Administrateurs de ce Département ;

Les Corps Constitués, le Général Hesse, un nombreux détachement du 87.me Régiment, la Garde Nationale, la Gendarmerie Nationale, la Société Populaire, les Sections de la Ville d'Orléans, les Commissaires nommés pour porter à la Convention Nationale le vœu des Assemblées Primaires du Département sur l'acceptation de la Constitution, & une foule de Citoyens & Citoyennes ont accompagné le Citoyen Laplanche à l'Eglise S. Paterne, lieu ordinaire des Séances du Représentant.

Le Citoyen Laplanche, après avoir invité le Peuple au silence, lui a dit :

A

RÉPUBLICAINS,

« Le voilà de retour ce Député Montagnard , la terreur
» des Aristocrates & des méchans ; & la confolation des bons ;
» il vient armé des mêmes pouvoirs & avec plus de courage
» que jamais , fortifier les Patriotes , & donner le dernier
» coup de maffue aux ariftocrates & aux malveillans. »

« Je fais que pendant mon abfence , l'ariftocratie , comme
» un Protée perfide , a pris différens mafques féducteurs : je
» fais que l'ariftocratie fe renouvelle comme l'hydre de l'Herne ;
» mais à mon tour , après avoir fait baiffer ces têtes hideufes
» & fans ceffe renaiffantes , je finirai par les abattre d'un feul
« coup par le damas national. »

« Il eft donc vrai , Républicains , que malgré ma vigilance
» & malgré ma fcrupuleufe exactitude, il y a encore des
» monftres & des ariftocrates dans les Adminiftrations , qui
» font indignes de porter foit l'Echarpe Municipale , foit la
» Médaille dont il font décorés : il y a auffi dans la Société
» Populaire des intrigans qui ne font pas dignes d'en être. Hé
» bien , je fuis le Médecin National , & je m'en vais leur
» appliquer un cauftique brûlant qui guérira la plaie , ou j'em-
» ploierai le fer pour la couper au vif. »

« Il eft donc vrai , Républicains , que parmi le bon grain ,
» l'ivraie s'y eft encore gliffée. Je vais encore épurer les
» Adminiftrations : ce que le Repréfentant n'a pas eu le
» temps de faire dans fes Séances folemnelles , il eft toujours
» temps de le faire , lorfqu'il s'agit du bonheur du Peuple. »

« Je vais donc m'occuper du foin de féparer l'ivraie du bon
» grain ; pour cet effet , je vais un peu queftionner différens
» Citoyens fur des dénonciations qui m'ont été faites , & après
» avoir demandé un compte fommaire à chaque Adminiftration
» je me ferai rendre un compte détaillé par chacun des Com-

» miſſaires qui ont été délégués par moi dans les différens
» Diſtricts de ce Département pour y propager l'eſprit Ré-
» publicain. »

« Je ſuis informé que les ariſtocrates ont à cœur les taxes
» révolutionnaires auxquelles je les ai aſſujettis, qu'ils m'en
» veulent, qu'ils m'ont dénoncé & qu'ils oſent même menacer
» mes jours; mais un Repréſentant montagnard ſait s'élever au-
» deſſus des calomniateurs & des aſſaſſins. Il mépriſe les uns
» & craint peu les autres. »

« Si je punis les intrigans, ce ne ſera ni pour moi, ni pour
» ma vengeance perſonnelle, mais pour rendre la tranquillité
» dans cette Cité. »

« Je fais ici un reproche à la Société Populaire. Aucun
» Membre, depuis mon retour, ne s'eſt préſenté à mon domi-
» cile; elle a ſu cependant que toutes les Adminiſtrations en
» corps réunis ont rendu leurs devoirs, non pas à Laplanche,
» mais à la Repréſentation nationale. »

« La Société doit ſe rappeler que lorſqu'elle a eu beſoin de
» 40,000 l. pour payer ſes dettes, elle m'a envoyé une dé-
» putation pour me les demander. Le don que je lui ai fait
» méritoit bien quelque retour de reconnoiſſance de ſa part.
» Je ſuis d'autant plus fâché de cet oubli, que moi – même
» j'ai répété par-tout que la Société Populaire d'Orléans étoit
» dans les bons principes. Cependant je pardonne à la Société
» Populaire en général, ſans excuſer les intrigans qui ne cher-
» chent qu'à brouiller les Corps Adminiſtratifs & leurs Sections,
» & qui ſont revêtus d'une Echarpe tricolore qu'ils ſont indi-
» gnes de porter. »

« Républicains, les Adminiſtrations vont, dans le ſein de leur
» Père, rendre compte de leur geſtion dep is mon départ
» de la ville d'Orléans. J'apporterai également ma ſurveillance
» ſur les Commiſſaires que j'ai délégués pour imiter mon exemple

» dans les Diſtricts voiſins. Je ſuis bien aiſe de louer leur vertu,
» ou de les punir, s'ils le méritent. Si le délégué a manqué,
» il ſera puni ; ſi le Délégué au contraire a parſaitement ſecondé
» mes efforts, il recevra le juſte tribut d'éloges qu'il a mérité.
» Ainſi donc les Adminiſtrations rendront compte les unes après
» les autres de leurs fonctions adminiſtratives. La Société Po-
» pulaire paſſera au creuſet épuratoire, afin qu'elle ne ſoit com-
» poſée que de vrais Sans-culottes & Républicains. »

« Je commence par l'Adminiſtration ſupérieure. C'eſt avec peine
» que j'ai reconnu que je m'étois trompé dans mon choix, at-
» tendu qu'il m'eſt ſurvenu des reproches & des dénonciations
» graves contre deux membres du Directoire de cette Admi-
» niſtration. »

« Quel eſt le membre, d'entre ceux de l'Adminiſtration ſu-
» périeure, qui eſt chargé de me rendre compte des fonc-
» tions adminiſtratives qu'ils ont rempli depuis mon abſence ? »

Le Citoyen Marie réclame & obtient la parole à ce ſujet,
& dit :

CITOYEN REPRÉSENTANT,

« Les Adminiſtrateurs du Département du Loiret ſont ſen-
» ſibles au choix que la Repréſentation nationale a fait de leurs
» perſonnes, & ils ſont pénétrés de la plus vive reconnoiſſance :
» ils ſe ſont mis en meſure de remplir leurs fonctions d'une
» manière digne de vrais Républicains. »

« Ils ont commencé par demander compte à leurs Prédé-
» ceſſeurs des fonds qu'ils avoient à leur diſpoſition, & ces
» derniers s'en ſont acquittés d'une manière irréprochable. »

« Chacun d'eux a dit : je ſuis propre à telle ou telle partie :
» ils ſe ſont diviſés en Comité, & en prenant la beſogne, ils
» ſe ſont occupés ſans relâche de rendre la juſtice qui étoit
» dûe à leurs Concitoyens. Citoyen Repréſentant, depuis

» votre départ, nous avons fait tous nos efforts pour tenir
» deux Séances publiques, favoir, l'une le matin & l'autre
» le foir, & là nous avons difcuté les intérêts de nos Frères. »

« Les Subfiftances nous ont occupés jour & nuit. Nous
» avons écrit circulairement à tous les Diftricts de notre
» Département pour les inviter au battage & faire paffer
» enfuite à Paris les huit quintaux de Grains demandés par
» le Miniftre pour l'approvifionnement de cette Ville ; enfin
» nous avons fait & nous ferons toujours nos efforts pour venir
» au fecours de nos Frères. »

« J'ai entendu dire, & certes c'eft bien flatteur pour nous,
» j'ai entendu, dis-je, le peuple déclarer que les trois Admi-
» niftrations Sans-culottes d'Orléans n'étoient compofées que de
» bons Citoyens & nous fommes contens de leurs opérations. »

« Sentant combien le parti économique étoit effentiel &
» combien nous devions y apporter nôtre furveillance, nous
» avons fupprimé le traitement que recevoit le Citoyen Bonamour,
» chargé de la garde des Bibliothèques publiques de Sainte-
» Croix & Saint-Euverte, parce que ce Citoyen avoit un
» traitement de la Nation en qualité de ci-devant religieux.
» C'eft affez vous dire, Citoyen Repréfentant, que nous n'avons
» en vue que le bien public : on peut nous reprocher de ne
» pas opérer d'une manière rapide, mais je répondrai à cela
» que de nouveaux adminiftrateurs s'attachent à l'étude des
» Loix pour ne porter, fans connoiffance de caufe, aucun juge-
» ment, dont la refponfabilité pèfe fur leurs têtes. Croyez que
» nous réuniffons nos efforts pour opérer le bien public, &
» que nous n'avons en vue que le falut du peuple. »

Le Repréfentant du Peuple. « J'attendois un rapport fatis-
» faifant des opérations de l'Adminiftration fupérieure. Une
» Adminiftration patriote, doit veiller jour & nuit pour fes

» Concitoyens. L'Adminiſtration ſupérieure a votre confiance,
» elle a bien mérité de la Patrie ; c'eſt en dire aſſez. »

« Comme je vous l'ai dit au commencement de cette
» Séance, il y a deux Membres dans cette Adminiſtration
» ſur leſquels le Repréſentant du Peuple n'a pas été bien
» éclairé lors de ſon choix. J'ai conſervé Marchand parce
» qu'il n'avoit pas ſigné l'Adreſſe Fédéraliſte que l'ancien
» Département du Loiret a envoyée dans ſix autres Dépar-
» temens ; mais parce que Marchand avoit fait cet acte de
» Citoyen , il ne s'enſuit pas de là que je ne me ſois pas
» trompé dans mon choix. »

« Marchand , jai reçu contre vous différentes dénonciations ;
» j'en ai reçu principalement une de vos Compatriotes de
» Pithiviers qui ſont à portée de vous connoître, & que mes
» délégués dans votre Diſtrict m'ont remiſe.

« On vous reproche d'avoir eu recours à des procédés peu
» délicats pour obtenir la place de Juge de paix du Canton
» de Boynes ; on vous reproche en outre, & c'eſt la voix
» publique, d'avoir promis à ceux qui vous donneroient leurs
» ſuffrages, de ne plus payer de champarts, & d'avoir compté
» pour l'exécution de cette promeſſe ſur l'abus d'une collec-
» tion de titres qui vous avoit été confiée par le nommé
» Deboyſnes. Si le Repréſentant du Peuple eſt comptable à
» la République entière de la ſolidité de ſes choix, les délé-
» gués qu'il a inveſtis de ſa confiance lui ſont comptables à
» leur tour de la confirmation ou de la réprobation que l'opi-
» nion publique prononce. La dénonciation eſt ſignée Parmentier
» & Plinguet fils. Juſtifiez-vous. »

Marchand proteſte de ſon innocence & dit que c'eſt un
ſeul homme qui lui en veut, & qui a la clameur publique,
qu'enfin c'eſt le Citoyen Gentil. Il obſerve qu'il ignore ce qu'on

veut dire, qu'étant père de famille, c'étoit une raison pour ne pas penser à la place de Juge de Paix, dont il s'agit.

A l'égard des titres, il ne donne aucuns moyens de défense qui puissent être admis.

Le Représentant du Peuple. « Marchand, un autre objet » qui n'est pas moins important que celui dont je viens de » vous faire part, c'est le défaut de confiance marqué dont vous » jouissez à Pithiviers.

» « Lorsque l'Administration du District de Pithiviers fut » informée que mes intentions étoient de vous conserver dans » le Directoire du Département, ou de vous porter à la » place de Procureur-Syndic de ce District, elle manifesta son » improbation générale, & déclara que si j'avois persisté dans » mon premier choix, j'aurois fait le malheur de cette Cité, » & qu'enfin tous les membres de cette Administration auroient » donné leur démission. Justifiez-vous. »

Marchand. « Je vous observe, Citoyen Représentant, que » je ne suis pas de Pithiviers même, que je suis de Boynes, » & que cette défaveur provient de la méchanceté d'un citoyen » qui a juré de me perdre, qui a fait une adresse à ce sujet » & a réuni 2000 signatures contre moi. D'ailleurs, pour le » même fait, j'ai été été inculpé devant vous ; je me suis » justifié, & vous avez paru satisfait de cette justification. »

Il finit par observer qu'il avoit la confiance de tous ses Concitoyens, que d'ailleurs les Electeurs le lui ont prouvé en le nommant à la place d'administrateur.

Parmentier demande & obtient la parole, & dit :

« Citoyen Représentant, comme votre délégué dans le » District de Pithiviers, je dois vour rendre compte que lorsque » je vous ai indiqué Marchand pour être Procureur-Syndic, » & que le Peuple en a été instruit, il m'en a témoigné son » mécontentement. »

Marchand interrompt ici Parmentier.

Parmentier. « Marchand, vous êtes mon collègue ; je ne
» vous connois pas ; je dis les faits tels qu'ils se font passés sous
» mes yeux. »

Le Représentant du Peuple. « Marchand, cette excuse que
» vous donnez m'est absolument illusoire. J'ai été trois fois
» Electeur, & je sais que c'est un seul homme très-souvent qui
» fait des Administrateurs, parce que les Electeurs, fatigués des
» longues séances qu'emportent les nominations des Députés à
» la Législature, restent en très-petit nombre, & les cabaleurs
» restent les derniers. Il est bien facile, de cette manière,
» d'être promu à des places ; mais enfin il est constaté que
» depuis votre élection d'Administrateur, vous avez perdu la
» confiance de vos Concitoyens. »

Marchand. « Citoyen Représentant, je ne sais d'où part ce
» coup fatal, je ne l'ai pas mérité ; c'est pourquoi je vous prie
» de vouloir bien peser dans votre sagesse le jugement que
» vous allez porter contre moi. »

Le Représentant. « Citoyen Marchand, j'ajourne dans un
» court délai le sort que je prononcerai sur votre compte.
» Demain matin je m'en occuperai. »

Le Citoyen Laplanche à Robin. « J'ai cru choisir un homme
» irréprochable, parce que vous avez des cheveux blancs,
» & je me suis trompé. Robin, vous n'avez pas encore effacé
» dans le souvenir de l'opinion publique la tache que vous
» imprime un Arrêté du Département, relatif à une coalition
» pour écarter les concurrens dans l'acquisition des Domaines
» Nationaux, à dessein de vous les procurer à meilleur compte.
» Qu'avez-vous à répondre à cette dénonciaton ? »

Robin déclare que ce n'est point une coalition, que c'est une
association ; mais que ses deux associés sont coupables & qu'il
ne l'est pas. Il finit par balbutier sans se justifier.

Le Représentant.

Le Repréfentant. « Vous convenez que vos affociés font coupables ; hé bien, vous l'êtes auffi. »

Plinguet demande & obtient la parole, & dit :

« Robin, je fuis votre Collègue, mais je fuis auffi l'homme
» de la République, & l'homme du Département tout entier.
» L'opinion publique vous reproche la part que vous avez
» prife à la coalition des fripons qui vouloient s'enrichir aux
» dépens de la Nation. Votre délit eft configné dans un Arrêté
» du Département du Loiret en date du 6 Juillet 1791, &
» cet Arrêté eft confirmé par une Proclamation du Pouvoir
» Exécutif, en date du 10 Janvier 1793. Je ferois répréhen-
» fible fi je ne rendois pas compte au Repréfentant du Peuple
» des plaintes qui m'ont été portées à cet égard, & fi je n'é-
» clairois pas fa religion fur le choix qu'il a fait de vous pour
» Membre du Directoire du Département. »

Le Repréfentant du Peuple. « Robin, écoutez la lecture
» de l'Arrêté du Département, dont vient de vous parler le
» Citoyen Plinguet. »

Le Repréfentant lit l'Arrêté du Département, conçu en ces termes :

*A R R Ê T É du Directoire du Département du Loiret,
du 6 Juillet 1791.*

Vu la Dénonciation faite par le Sieur François - Louis Rouvière-Boisbarbot, contre les Adminiftrateurs du Directoire & le Procureur-Syndic du Diftrict de Boifcommun, pour crime de faux & autres prévarications commifes contre l'intérêt national.

Ouï le Procureur-général-Syndic ;

Le Directoire du Département confidérant que toute efpèce de fociété & coalition pour écarter les concurren dans l'acqui-fition des Domaines nationaux, à deffein de fe les procurer à meilleur compte, eft un délit contre les intérêts de la Nation ;

Confidérant que d'après l'aveu du Directoire du Diſtrict de Boiſcommun & les déclarations de différentes perſonnes , une Société de cette nature exiſtoit le 26 Mars dernier à l'occaſion de la vente de la Maiſon Conventuelle & Abbatiale du ci - devant Couvent de la Cour - Dieu , & que les Sieurs Robin des Cloſeaux & Melquion, Membres du Directoire du Diſtrict de Boiſcommun , & le Sieur Pellerin, Procureur - Syndic, faiſoient partie de cette Société ;

Confidérant que d'après les déclarations des Perſonnes préſentes, il paroît conſtant que le Sieur Gentil, l'un des aſſociés , a ſollicité le Sieur Rouvière de ceſſer ſes enchères, & d'entrer dans la ſociété, ce qu'il a fait ;

Confidérant que par une détermination illégale , & dont le motif pouvoit être ſuſpecté, les cinq arpens de prés , qui n'étoient compris ni dans l'affiche, ni dans le procès-verbal d'enchère du 12 Mars, qu'ils ne faiſoient point partie des biens adjugés à la Municipalité de Boiſcommun, mais appartenoient à celle d'Orléans, ont été adjugés au procès-verbal au moment de l'adjudication définitive du 26 du mois de Mars ;

Confidérant que nul arrangement amiable entre la municipalité d'Orléans & celle de Boiſcommun n'a pu ſaire valider les jonctions & ventes illicites de ces cinq arpens de prés ;

Confidérant que deux Adminiſtrateurs & le Procureur-Syndic étant co-aſſociés du Sieur Gentil , à qui l'adjudication du 26 Mars a été faite, & ayant concouru à faire ladite adjudication, en ſont devenus juges & parties ;

Confidérant qu'il réſulte du Procès-verbal en date du ſix Mai, dix heures du matin , que l'adjudication en maſſe de la Ferme & Métairie de la Baſſe-Cour & dépendances a été faite définitivement au Sieur Rouvière, & que ce n'eſt qu'après ladite adjudication définitive qu'il a été fait des demandes de divifer les objets compofant ladite Ferme, & de les adjuger partiellement aux termes du Décret du 14 Mai 1790.

Confidérant que l'article VI du titre III du Décret précité, porte :

« Les enchères feront en même temps ouvertes fur l'en-
» femble ou fur les parties de l'objet compris en une feule &
» même eftimation; & fi au moment de l'adjudication défi-
» nitive, la fomme des enchères partielles égale l'enchère faite
» fur la maffe, les biens feront de préférence adjugés divifé-
» ment :

A déclaré l'adjudication faite en maffe de ladite ferme & dé-pendances au Sieur Rouvière, moyennant la fomme de 12,700l. bonne & valable ; ordonne au Secrétaire du Diftrict de Boif-commum de délivrer audit Sieur Rouvière, à fa réquifition, expédition de ladite adjudication, & au Tréforier du Diftrict, de recevoir dudit Sieur Rouvière , foit le compte déter-miné par les Décrets de l'Affemblée Nationale, foit les fommes plus fortes que ledit Sieur Rouvière voudroit payer.

Et attendu les irrégularités commifes par les Adminiftrateurs du Directoire & le Procureur-Syndic de Boifcommun, préfens aux adjudications des 26 Mars & 6 Mai derniers, leur recom-mande de fe conformer avec plus d'exactitude aux difpofitions des Décrets concernant la vente des Biens Nationaux.

Ordonne que les frais relatifs au déplacement des perfonnes entendues à l'occafion defdites adjudications, & tous autres concernant cette affaire, feront à la charge defdits Adminif-trateurs & Procureur-Syndic préfens auxdites adjudications.

Défapprouve la conduite des Sieurs Robin & Melquion, Membres dudit Directoire, & du Sieur Pellerin, Procureur-Syndic, relativement fur-tout à leur intérêt dans la fociété formée pour acquérir lefdits biens.

A arrêté que lesdits Sieurs Robin & Melquion, & ledit Sieur Pellerin, seront appellés devant le Directoire du Département, & qu'après leur avoir fait lecture de la présente Déliberation, M. le Président, au nom du Directoire, leur fera connoître combien ils sont répréhensibles, quels reproches ils ont à se faire, & leur recommandera de faire oublier par la conduite la plus régulière, l'impression fâcheuse qu'à laissée une association inconsidérée.

A en outre arrêté, qu'expéditions de la présente Délibéra-tation seront envoyées, une au Pouvoir exécutif, une autre au Comité d'aliénation de l'Assemblée Nationale.

Pour Copie, Signé BIGNON, Secrétaire du Département.

Le Représentant. « Ces dispositions de l'Arrêté du Dépar-
» tement prouvent assez que vous êtes coupable d'improbité.
» Vous êtes indigne d'occuper une place dans une Administra-
» tion ; d'ailleurs, il faut que vous soyez bien criminel, car
» l'administration qui vous a jugé étoit inclinée à pardonner à
» des gens de votre espèce. Ainsi donc, dans ces circonstances,
» vous n'avez qu'un seul parti à prendre. Le Représentant du
» Peuple est obligé de revenir sur ses pas ; il vous invite en
» conséquence à donner votre démission. Vous n'avez point à ba-
» lancer. Donnez-vous votre démission ? »

Robin répond que oui.

Le Représentant. « Signez-la, & déposez votre décoration. »
Robin observe qu'elle n'est pas à lui.

Le Représentant. « La République la paiera. »
Robin donne sa démission.

Le Représentant. « Comme l'Administration supérieure n'est
» pas complette, vu l'absence de plusieurs membres que j'ai
» envoyés dans les Districts de ce Département, & que les
» opérations ne peuvent en souffrir, je vais procéder au rem-

» placement de Robin, qui, dans ce moment, figne fa démif-
» fion. Ainfi donc, en vertu de mes pouvoirs illimités, je
» nomme à la place du Citoyen Robin, Labbé, Juge de Paix
» de Boifcommun. » (*On applaudit*).

« Je fuis informé que Guerton, de Baugenci, & membre du
» Confeil du Département, a donné fa démiffion, attendu qu'il
« a été appelé à une place de Commandant de bataillon qui va
» fe rendre aux frontières ; en conféquence, je nomme pour
» le remplacer le Citoyen Romet. »

« J'ai dit à Romet, dans mes précédentes Séances, des vérités
» triftes, & dans l'ancien régime il pouvoit fe charger de
» quelques mauvaifes caufes ; mais dans l'Adminiftration où je
» viens de l'appeler, il n'en aura que de bonnes à traiter ;
» d'ailleurs, depuis long-temps ce Citoyen s'eft déclaré par-
» tifan de la Révolution ; il la fervira avec zèle & en vrai
» Républicain. »

Le Peuple applaudit à cette nomination.

Le Citoyen Laplanche paffe au Tribunal criminel du Département du Loiret, & demande quel eft le Membre qui eft
chargé de lui rendre compte de fes opérations depuis fon
départ.

Sézeur demande & obtient la parole à ce fujet. Il rend un
compte très-fatisfaifant, auquel le Repréfentant applaudit.

Le Repréfentant dit : « A Paris nous avons un Tribunal
» révolutionnaire ; éh bien ! dans les Départemens il faut que
» les Tribunaux criminels foient également révolutionnaires ;
» je requiers en conféquence le Tribunal criminel de déve-
» lopper toute la févérité de la Loi contre les coupables : le
» glaive de la Loi eft entre fes mains, c'eft à lui d'en faire
» ufage. »

» Je vais paffer à l'Adminiftration du Diftrict. »

» Quel eſt le Membre, dit-il, qui doit me rendre compte
» des fonctions adminiſtratives du Diſtrict depuis mon départ? »

Aignan, Procureur-Syndic, monte à la Tribune.

« Depuis que la confiance du Peuple, par l'organe de ſon
» Repréſentant, nous a appellés aux Fonctions importantes
» d'Adminiſtrateurs, nous n'avons ceſſé de travailler pour le
» ſalut du peuple. Il ſemble que depuis notre inſtallation, ce
» mot de Barrère ſe ſoit vérifié à notre égard, *que les*
» *Départemens avoient perdu la choſe publique, & que c'étoit*
» *aux Diſtricts à la ſauver.* Eh bien, Citoyen Repréſentant,
» je vais vous rendre un compte ſommaire de nos opérations :
» nous nous ſommes occupés de quatre objets principaux. »

« 1°. De la Levée en maſſe ; »

« 2°. Des Subſiſtances ; »

« 3°. De la taxation des Denrées ; »

« 4°. Tout récemment, de l'arreſtation des Anglois. »

« Pour la Levée en maſſe, informés que le Miniſtre de-
» mandoit de ſuite deux Bataillons dans le Département du
» Loiret, & que le Diſtrict de Beaugenci en fourniſſoit un,
» nous avons voulu imiter ſon exemple. Le deuxième Bataillon
» ſera pris dans Orléans ; il eſt maintenant caſerné, va s'or-
» ganiſer, & partira ſous peu de jours. »

« A l'égard des Subſiſtances, nous avons vu que la Loi du
» 9 Juillet dernier étoit reſtée ſans exécution ; celle du 11
» Septembre a paru, & nous avons nommé quatre Patriotes
» pris dans le ſein de la Société populaire & reconnus d'un
» civiſme à toute épreuve, leſquels ont été inveſtis de tous
» les pouvoirs néceſſaires, pour obtenir des Laboureurs leurs
» déclarations de Grains, faire des viſites domiciliaires, &
» dreſſer un état contenant le recenſement de ces mêmes
» Grains.

« Nous ne pouvons qu'être certains du succès de ces vrais
» Sans-Culottes, & nous espérons que, sous peu de jours, nous
» serons à portée de donner le recensement général des Grains
» qui existent dans notre arrondissement. »

« Nous nous sommes ensuite occupés de la taxation des
» Denrées, (opération qui est prescrite par la Loi du 29 Sep-
» tembre dernier.) Aussitôt que cette Loi bienfaisante a paru
» dans le Bulletin, un Comité s'est formé & a été pris dans
» cette Municipalité Sans-Culotte & dans le sein du Conseil du
» District »

« Là, ce Comité s'est occupé de la taxation des Denrées,
» & elle n'a été mise au jour qu'après avoir reçu son appro-
» bation des Commissaires nommés à cet effet par la Société
» Populaire. Nous ne pouvons donc que nous flatter d'avoir fait
» cette opération, puisqu'en compensant les intérêts des Mar-
» chands & ceux du Peuple, nous sommes venus au secours
» de la classe indigente de notre Ville. »

« D'ailleurs, c'est ici que, si nous avons quelque gloire à
» retirer, nous pouvons appeler cette classe respectable. »

« Nous pouvons nous flatter que nous avons été un des pre-
» miers Districts de la République qui se soit mis en mesure sur
» cet article ; & notre travail a servi de base non-seulement
» aux Districts du Département du Loiret, mais à ceux de
» quelques autres Départemens circonvoisins. Pour ne point
» abuser de votre temps précieux, je vais terminer le compte
» par l'arrestation des Anglois. »

« Un grand attentat a été commis contre la Représentation
» Nationale · Bauvais, notre compatriote, Bauvais, cet intré-
» pide montagnard, a été traîné dans la boue comme un
» scélérat, & a porté sa tête sur l'échafaud, lui qui méritoit
» la couronne civique. Hé bien ! Citoyens, il n'en faut pas
» douter, c'est à l'or de Pitt & de Cobourg que nous devons

» cet attentat ; mais la Convention Nationale a rendu un Décret
» qui ordonne l'arrestation des Anglois , Irlandois & Hano-
» vriens qui se trouvent sur le territoire de la République ,
» afin de venger le crime commis sur la personne de Bauvais. »

« La République sera vengée de ce forfait, & elle l'est déjà. »

« Aussitôt que j'ai eu connoissance de ce Décret , j'ai moi-
» même envoyé des réquisitions aux Juges de paix , afin de faire
» mettre en état d'arrestation tous les Anglois , Irlandois &
» Hanovriens qui se trouvoient dans Orléans. Cette opération
» est terminée , & tout ce qui existe d'Anglois dans Orléans
» est détenu dans la prison des Minimes. »

« Quant à la maison de Foxlow , comme le chef de cette
» maison est à la tête d'une manufacture de 800 ouvriers , &
» que le dernier article du Décret dont il s'agit est en sa faveur ,
» il n'a point été mis en état d'arrestation. Cette maison rece-
» voit l'Epouse de Foxlow & trois autres Angloises ; provisoi-
» rement je ne les ai fait mettre en état d'arrestation que chez
» elles. J'ai rendu compte de ma conduite au Représentant du
» Peuple , qui l'a approuvée , jusqu'à ce qu'il ait consulté la
» Convention Nationale sur le sort de ces Angloises. »

« Ainsi, Section de Brutus ! votre père ne vous est point
» ravi ; vos Administrateurs ont saisi l'occasion de venir au
» secours de cette classe indigente de Citoyens que Foxlow
» occupe ; enfin Foxlow est libre. » (*On applaudit.*)

« Il est encore un autre objet très-important ; c'est la Vente
» des Biens des Emigrés. »

« Nous avons organisé nos Bureaux à cet effet. Le Décret
» qui assimile les Prêtres déportés aux Emigrés a été mis à
» exécution ; tous les biens de ces conspirateurs sont sous la
» main de la Nation ; & je puis vous assurer que d'après les
» mesures prises , un bien d'Emigré sera adjugé avant trois
» semaines. » (*On applaudit.*)

Le Citoyen

Le Citoyen Laplanche. « Le Repréſentant du Peuple eſt
» ſatisfait de la conduite du Directoire du Diſtrict d'Orléans ;
» il ne peut que faire des éloges au compte qu'il a rendu par
» la bouche de ſon Procureur-Syndic, & déclarer qu'il a
» bien mérité de la Patrie. »

« Adminiſtrateurs, votre nomination eſt révolutionnaire,
» vos opérations feront révolutionnaires auſſi ; continuez d'agir
» de cette manière, & la République ſera ſauvée. »

» J'appelle l'Adminiſtration Municipale. »

« Quel eſt le Citoyen qui eſt chargé de me rendre compte
» des opérations de la Municipalité depuis mon départ ? »

Bonneau, Subſtitut du Procureur de la Commune, prend
la parole & dit :

« Le compte de la Commune eſt fort long, & je n'ai pas
» l'avantage de pouvoir vous le rendre comme je le déſi-
» rerois. »

Le Repréſentant du Peuple invite Bonneau d'abréger.

Bonneau dit enſuite : « La Commune a été long - temps
» occupée des ſubſiſtances ; cet objet lui a fait paſſer quantité
» de nuits, & c'eſt avec peine que je vois qu'elle ſera encore
» obligée d'en paſſer avant qu'elle parvienne au but qu'elle
» déſire. »

« La Commune d'Orléans eſt encore chargée de la viſite
» dès Priſons & des Hôpitaux. Citoyen Repréſentant, vous
» aviez chargé le Comité Révolutionnaire de ce ſoin, mais ſes
» opérations multipliées ne le lui ont pas permis, & enfin il
» a donné ſa confiance à la Commune, qui s'eſt empreſſée de
» ſatisfaire à ſon devoir. »

Le Citoyen Lap'anche. « Il eſt inutile que vous me parliez
» des priſons & des hôpitaux ; le Repréſentant du peuple viſitera
» ces hoſpices, & là vous lui rendrez compte de ce que
vous avez fait. »

C

Vinſon, Maire, à la parole, & dit :

« Lorſque le Repréſentant du Peuple régénéra les Admi-
» niſtrations, il ne vit qu'une ſeule & même famille. Hé bien !
» nous avons vécu ainſi, & nous vivrons toujours de même. »

« Citoyen Repréſentant, je le dis à la louange des deux
» Adminiſtrations ſupérieures, elles n'ont pas pris une délibé-
» ration importante qu'elles n'aient appellé leurs frères de la
» Municipalité ; enfin je puis vous aſſurer que les trois Corps
» Adminiſtratifs vivent en frères, & j'oſe me flatter qu'ils ont
» l'eſtime de tout le peuple. »

Un ſeul *Oui* ſe fait entendre univerſellement.

Le Repréſentant du Peuple. « La Municipalité en général
» mérite l'approbation & l'eſtime de ſes Concitoyens , mais
» il exiſte dans cette Municipalité des intrigans qui n'ont pas
» ma confiance & qui ne méritent pas celle de leurs Con-
» citoyens. »

(*A Beſſerve.*) On vous accuſe de vouloir troubler l'har-
» monie dont vient de parler le Citoyen Maire. Vous jouez
» le rôle d'un intrigant , & vous êtes un colporteur d'adreſſes
» tendantes à ſoulever les Sections contre les Adminiſtrations.
» Vous n'avez point l'eſtime de vos collègues ; au contraire,
» ils vous craignent, ainſi vous ne pouvez être qu'un homme
» très-dangereux. Juſtifiez vous. »

Beſſerve. « Citoyen Repréſentant , je ſuis prêt à vous ſa-
» tisfaire. »

Au lieu de répondre par des faits poſitifs aux allégations
faites contre lui, Beſſerve ſe livre à des déclamations virulentes,
à des geſtes preſque menaçans , à des contorſions effrayantes ,
enfin à de violens frappemens de pieds, & ces exclamations pul-
monaires ſont ſuivies d'une interpellation indécente qu'il fait
au Repréſentant du Peuple, parce que quelques intrigans ſou-

doyés & difperfés adroitement dans le lieu des Séances, fecon-
doient les efforts de fes cabales.

Le Repréfentant du Peuple s'appercevant de cette manœuvre
odieufe, répond avec la fierté d'un Montagnard, & dit à
Befferve : « Il ne vous appartient pas d'interpeller un Repréfen-
» tant du Peuple. Vous manquez à la Repréfentation natio-
» nale : je vous rappelle à l'ordre ; & fi vous n'êtes pas plus
» refpectueux envers elle, je développerai contre vous la fé-
» vérité de mes pouvoirs illimités. »

Befferve s'excufe comme il peut ; il fe répand enfuite en
dénonciations contre le Général Heffe.

Le Repréfentant du Peuple s'appercevant que cette difcuffion devenoit fatigante fans être utile, fe réferve de ftatuer
inceffamment ce qu'il appartiendra fur la conduite de Befferve,
& de fuite appelle le Rapporteur du Comité de Bienfaifance,
& dit :

« Mon intention eft de répartir de nouveaux bienfaits, &
» une fomme de 50,000 livres fera répartie après-demain
» dans le fein des familles indigentes de cette Cité. »

» Le Comité Révolutionnaire dira peut-être que j'appauvris
» fa Caiffe, mais qu'il preffure encore les riches & il la
» remplira. »

Mollière demande & obtient la parole, & dit : « Nous avons
» déjà pris des mefures, & tous les ariftocrates feront bientôt
» paffés au niveau républicain. »

Le Repréfentant. « Je vais couler à fond toutes les affaires
» particulières avant de m'occuper des générales. »

» Quand on remplit des fonctions éminentes on eft dans le
» cas d'être circonvenu : j'ai fait des fautes que je vais promp-
» tement réparer : à la vérité, j'avois été induit en erreur
» par les intrigans. »

» J'ai fait rendre la liberté à deux individus victimes de
» dénonciations non prouvées. Ces individus font bien précieux
» dans un temps où les subfistances occupent les administra-
» tions , & ces Citoyens enfin font Martin Bigot & fon
» agent. »*

« Vous favez , Républicains, que dans le commencement de
» ma miffion j'appellai autour de moi douze fociétaires que je
» croyois purs. »

« On a fuppofé Martin Bigot accapareur , & j'ai fû du
» Miniftre de la Marine qu'il étoit chargé de fes approvifionne-
» mens. J'invite Martin Bigot à monter à la Tribune , afin de
» m'éclaircir fur ces faits. Il doit être ici dans cette enceinte.
» Enfuite j'entendrai fes dénonciateurs. »

Martin Bigot n'étant pas préfent à la Séance , le Repréfentant adreffe la parole à Chamouillet & lui dit : « Vous avez
» trompé ma religion ; vous êtes caufe de la longue détention
» de Martin Bigot ; les pièces rapportées par vous n'ont
» produit aucun réfultat , & j'ai reconnu que ce n'étoit qu'une
» vengeance particulière qui vous avoit fait agir. »

« Répondez-moi à cette queftion. »

« Pourquoi m'avez-vous dit que Martin Bigot méritoit de
» perdre la Liberté , tandis que vous avez négligé depuis fix
» femaines de faire le rapport des papiers de Bigot qui vous
» étoient confiés , & tandis que vous ne pouviez ignorer que
» fa détention importoit à la chofe publique, puifque Bigot
» réunit pour les approvifionnemens militaires la confiance du
» Miniftre de la Marine & de celui de l'Intérieur ? »

Chamouillet entreprend vainement de fe juftifier. A travers
fes affertions vagues & malveillantes, le Repréfentant du Peuple
n'apperçoit que les effets de vengeance perfonnelle, foutenue
par la cabale des mains foudoyées. Auffi le Repréfentant fe

réferve de ftatuer dans fa fageffe fur les mefures ultérieures qu'il devra prendre fur cet objet.

Le Repréfentant du Peuple paffe à une autre difcuffion, & dit : « D'après l'Arrêté de la Section de l'Unité & de » l'Indivifibilité, il eft prouvé que Trouffeau-Laurent eft un » dénonciateur qui a perdu la confiance publique, qu'il doit » fubir la peine qu'il a encourue, & payer l'impreffion de fa » condamnation. »

Hubert-Piédor, d'après l'invitation du Citoyen Laplanche, & qui a été la victime de la fcélérateffe de Trouffeau-Laurent, monte à la Tribune & fe juftifie pleinement des imputations calomnieufes exercées contre lui par Trouffeau-Laurent, qui, fur un faux expofé, l'a fait incarcérer; il a même prouvé démonftrativement que Trouffeau-Laurent a voulu abufer de fa pofition malheureufe en lui faifant propofer de contracter un marché abfolument défavantageux, fous l'efpoir qu'il lui feroit rendre la liberté.

Hubert-Piédor, après fa juftification, a pouffé la clémence au point de réclamer l'indulgence du Repréfentant du Peuple en faveur de fon dénonciateur. « Le montant du marché, » dit-il, qu'on m'a fait foufcrire, pour me rendre la liberté, » eft de 19,300 liv.; hé bien, Citoyen Repréfentant, je donne » moitié de cette fomme aux Pauvres d'Orléans, & l'autre » moitié je la verfe dans le fein des Pauvres de Meung mon » pays. »

Cet acte de républicanifme a reçu les plus vifs applaudiffemens de tous les Citoyens préfens à la Séance.

Le Repréfentant du Peuple a dit : « Républicains, il eft » donc trop vrai que le crime & le menfonge environnent » les Repréfentans du Peuple, comme autrefois ces fléaux du » genre-humain affiégeoient le trône des Rois. »

« Hubert-Piédor, le Repréfentant du Peuple n'a pas entendu
» votre juftification fans en gémir. Vous êtes innocent & vous
» avez été incarcéré; croyez que vous n'avez été privé de la
» liberté que parce que on a abufé de ma religion. Je vous
» dois tout dédommagement. Je vous demande pardon d'avoir
» commis envers vous un acte d'injuftice ; mais, comme je viens
» de vous le dire, j'ai été trompé par un fcélérat infâme qui
» a profité de l'influence qu'il avoit auprès de moi, foit comme
» Notable, foit comme Membre du Comité révolutionnaire
» de furveillance, pour fe venger. Hé bien ! Hubert-Piédor,
» je vous proclame innocent, & j'annonce hautement que vous
» êtes bon citoyen, bon fils, & que vous avez bien mérité
» de vos Concitoyens. »

« Hubert-Piédor ! qu'exigez-vous de moi ? parlez ; je fuis
» prêt à vous accorder tous les dommages que vous êtes en
» droit d'exiger, excepté la grace du coupable ; il l'eft trop
» pour mériter mon indulgence. »

« Hubert-Piédor ! votre innocence eft donc parfaitement
» reconnue; la fcélératefle a donc été pouffée à fon comble :
» Troufleau-Laurent eft coupable d'improbité pour fes gains
» illicites, de corruption pour marchander la liberté d'un
» Citoyen vertueux, & du crime de lèfe-nation en trompant
» fciemment & méchamment le Repréfentant du Peuple, &
» certainement jen ferai mon rapport à la Convention Na-
» tionale. »

Hubert-Piédor a demandé de nouveau la grace de fon dénonciateur, & la juftice nationale n'a pu le permettre.

Le Repréfentant du Peuple l'a conjuré de dire ce qu'il pouvoit faire pour le dédommager, & Hubert-Piédor a répondu
au Repréfentant qu'il étoit plus que dédommagé par la juftice
éclatante qu'il venoit de lui rendre. Hubert-Piédor, au milieu des plus vifs applaudiffemens, a reçu l'accolade fraternelle

du Repréfentant du Peuple, comme un foible dédommagement de ce qu'il a fouffert.

Le Repréfentant du Peuple. « Comme le crime de Trouf-
» feau-Laurent doit être puni de la manière la plus exemplaire,
» & pour éviter les formalités du Tribunal criminel, je vais
» prononcer la peine qu'il fubira. »

« Accufateur public, écoutez le jugement que je vais pro-
» noncer. Je vous charge de le mettre à exécution dans toutes
» fes difpofitions. »

Le Repréfentant du Peuple lit le jugement conçu en ces termes:

Le Repréfentant du Peuple dans le Département du Loiret:

Sur ce qui nous eft revenu, que l'incarcération faite en vertu de nos ordres, de la perfonne du Citoyen Hubert – Piédor, commiffionnaire à Meung, Diftrict de Baugenci, comme pré-venu d'accaparement, fur la dénonciation du nommé *Trouffeau-Laurent*, marchand corroyeur à Orléans, n'avoit été provoquée par ce dernier que pour favorifer fa cupidité & parvenir par une fpéculation honteufe & criminelle, à fe procurer un plus fort prix de marchandifes vendues, dont une partie avoit été livrée & dont le furplus reftoit dans les magafins de *Trouffeau-Laurent*, où il en avoit lui-même provoqué la faifie & confif-cation fur Hubert-Piédor.

Après avoir entendu Hubert–Piédor, en la Séance publique de ce jour, à laquelle *Trouffeau-Laurent* avoit reçu nos ordres de fe rendre & d'où il eft forti au moment où l'affaire alloit s'engager, & après avoir pris tous les renfeignemens & examiné les différentes pièces qui pouvoient éclairer notre religion.

Le Repréfentant du Peuple a reconnu & déclare d'une ma-nière folemnelle;

1°. Que c'eſt à la réquiſition de *Trouſſeau-Laurent*, que la ſaiſie de marchandiſes appartenantes à Hubert - Piédor & qui étoient chez ce premier, a eu lieu;

2°. Que ces marchandiſes n'étoient pas pour le compte direct de Piédor, mais de ſes commettans, & ne peuvent être conſidérées comme frappées d'accaparement;

3°. Que l'incarcération d'Hubert-Piédor en la maiſon des ci-devant Minimes, a été provoquée par *Trouſſeau-Laurent* & ordonnée par le Repréſentant du Peuple, pour cauſe d'accaparement ;

4°. Que pendant le temps de la détention du Citoyen Hubert-Piédor, *Trouſſeau-Laurent* a trafiqué honteuſement & criminellement de la liberté de ce Citoyen, en promettant de faire obtenir cette liberté & préſentant comme ſeul moyen d'y parvenir, d'annuller le marché de cuirs fait entre lui & le Citoyen Hubert-Piédor, au prix de 44 ſ. & 59 ſ. la livrè peſant, & de faire un nouveau marché qui porteroit le prix des mêmes objets à quatre francs la livre ; d'avoir en effet exécuté cette convention ſcélérate par une tranſaction ſignée pendant la détention du Citoyen Hubert-Piédor, par le réſultat de laquelle *Trouſſeau-Laurent* faiſoit un bénéfice illicite de dix-neuf mille trois cents livres; d'avoir encore, au moment de la ſignature, extorqué une ſomme de trois cents livres à titre d'indemnité; après laquelle tranſaction *Trouſſeau-Laurent* a fait effectivement au Repréſentant du Peuple des obſervations tendantes à la miſe en liberté du Citoyen Hubert-Piédor, qui a été prononcée ;

5°. Que le Citoyen Hubert-Piédor n'eſt pas coupable d'accaparement, qu'il a été reconnu, au contraire, par l'examen de ſes papiers & livres, & par des renſeignemens fidèles, adminiſtrés au Repréſentant du Peuple, que Hubert-Piédor eſt un commiſſionnaire fidèle, bon citoyen, bon fils, victime d'une

ſcélérateſſe

fcélératefïe & d'une perfidie dont le paffé fournit peu d'exemples, & qui, reprimés par un grand châtiment, ne trouveront pas à l'avenir d'imitateurs.

Le Repréfentant du Peuple, en vertu des pouvoirs illimités dont il eft invefti par la Convention Nationale, voulant donner un grand exemple de la juftice & en même temps de la févé-rité nationale,

Proclame Hubert-Piédor *bon Citoyen* & lui décerne la couronne civique.

Et attendu que *Trouffeau-Laurent* eft convaincu d'impro-bité pour fes gains illicites, qu'il eft coupable d'une corruption honteufe & fcélérate, pour priver de la liberté un Citoyen honnête & vertueux, enfuite marchander & tirer un avantage pécuniaire du retour de cette liberté ; qu'il eft atteint d'un crime de lèfe-nation pour avoir, foit en fa qualité de Notable de la Commune d'Orléans, foit comme Membre du Comité de furveillance inftitué par le Repréfentant du Peuple & dont il s'étoit entouré pour éclairer fes opérations, & fous le mafque du patriotifme, abufé de la confiance du Repréfentant du Peuple, trompé fciemment & méchamment fa religion, en provoquant & obtenant, fur un expofé faux & calomnieux, l'ordre d'une détention injufte,

Le Repréfentant du Peuple ordonne que, pour la punition privée & l'exemple public, *Trouffeau-Laurent* fera arrêté à l'inftant & détenu en la Maifon de juftice du Département, où il demeurera renfermé au cachot autant de temps que, fur fa dénonciation calomnieufe & criminelle, le Citoyen Hubert-Piédor eft refté en arreftation ; que demain, mardi & mercredi, *Trouffeau-Laurent* fera expofé par l'exécuteur des jugemens criminels, à la honte & au mépris de fes Concitoyens, fur un échafaud qui fera dreffé fur la place de la République, & y demeurera depuis neuf heures du matin jufqu'à fix heures

D

du foir , ayant un écriteau devant & dernière , portant ces mots :

« *Trouffeau-Laurent* , corroyeur à Orléans , coupable d'im-
» probité pour fes gains illicites , de corruption pour marchander
» la liberté d'un Citoyen vertueux , & du crime de lèfe-nation
» pour avoir fciemment & méchamment trompé la religion
» du Repréfentant du Peuple par une dénonciation calom-
» nieufe. »

Deftitue formellement & honteufement *Trouffeau-Laurent*
de la qualité de Notable de la Commune d'Orléans , le déclare incapable de remplir à l'avenir aucune fonction publique.

Prenant en confidération les enfans de *Trouffeau-Laurent,*
le Repréfentant du Peuple taxe révolutionnairement ledit
Trouffeau-Laurent en une fomme de douze cents livres *feule-
ment,* laquelle fera verfée dans le jour de demain dans la
caiffe de la Section de l'Unité & de l'Indivifibilité & diftri-
buée fans retard aux Pauvres de ladite Section.

Ordonne que le préfent Arrêté fera imprimé , publié &
affiché au nombre de quatre mille exemplaires , dans toute
l'étenduedu Départemeat, envoyé aux Adminiftrations du Département & de Diftricts , à toutes les Municipalités , Tribunaux
& Sociétés Populaires du Département , aux frais & dépens
de *Trouffeau - Laurent* , & qu'expédition en fera adreffée au
Citoyen Hubert-Piédor.

Requiert l'Accufateur public , près le Tribunal criminel du
Département du Loiret , de le faire mettre à exécution dans
toutes fes difpofitions.

Après la lecture , le Repréfentant du Peuple requiert l'arreftation de Trouffeau-Laurent. On annonce qu'il y a un inftant
qu'il étoit dans la Salle & qu'il a fui ; d'autres voix déclarent
qu'il eft aux Minimes. Le Repréfentant du Peuple ordonne fa

tranflation dans les prifons ordinaires du Tribunal Criminel, & dit :

RÉPUBLICAINS,

» Par le jugement que je viens de rendre, j'ai deftitué le
» fcélérat Troufleau-Laurent de fes fonctions de Notable de
» la Commune d'Orléans. »

« J'invite l'Affemblée à m'indiquer un bon Citoyen pour le
» remplacer. Je défirerois ardemment qu'Hubert-Piédor fut
» d'Orléans, mon choix ne feroit pas long, & cela me procu-
» reroit le plaifir de récompenfer fes vertus. » (*On applaudit.*)

Parmentier propofe le Citoyen Carré, Organifte. Le Repréfentant du Peuple déclare qu'un Citoyen préfentoit le Citoyen
Carré, Organifte, pour remplacer Troufleau-Laurent. Il con-
fulte l'Affemblée pour favoir s'il a la confiance du peuple.

Un *Oui* général fe fait entendre, & le Citoyen Repréfentant
proclame Carré Notable d'Orléans, le décore de l'Echarpe
Municipale, lui donne l'accolade fraternelle ; & l'invite à
marcher fur les traces de la Municipalité Sans-Culotte dont
il fait partie. (*On applaudit.*)

Aignan. « Je dois obferver à ce fujet que les Beaux-Arts
» font par-tout les amis de la Liberté, & que c'eft dans le
» fein des Artiftes qu'on a toujours rencontré des véritables
» Républicains. C'eft un hommage que je leur dois, & je faifis
» avec empreffement cette occafion de le leur offrir.» (*Applaudiffemens.*)

« J'ai un reproche à faire, dit le Repréfentant du Peuple,
» à la Municipalité d'Orléans, relativement à la non-exécution
» de la Loi qui ordonne la defcente des cloches pour être
» converties en canon. »

« C'eft avec peine que j'entends encore ces cloches qui ne
» donnent que des fons inutiles & ne fervent qu'à troubler le
» repos des vivans. »

« La Convention Nationale a décrété qu'il ne feroit laiſſé
» qu'une feule cloche dans chaque paroiſſe ; mais cette diſpo-
» ſition ne peut-être applicable que dans les paroiſſes de la
» campagne, & eſt puiſſamment contrariée d'après la néceſſité
» de fondre fans délai les cloches en canon. »

" Ainſi donc, en vertu des pouvoirs dont je fuis inveſti ,
» je requiers la Municipalité d'Orléans , & fous fa refpon-
» fabilité perfonnelle, de faire defcendre fous huit jours pour tout
» délai toutes les cloches qui font dans les paroiſſes de cette
» ville , & de les conduire dans les lieux néceſſaires pour
» qu'elles foient converties en canon ; & lui enjoins en outre
» de ne laiſſer qu'une feule cloche qui ne fera employée
» qu'à avertir le Peuple, foit des incendies, foit pour les
» émeutes populaires. »

« Cette cloche fonnera très-peu , car, quant aux incendies,
» elle feroient bientôt appaifées d'après la concorde qui règne
» dans les Adminiſtrations. »

« Quant aux émeutes populaires, elles n'auront pas lieu :
» vous êtes régénérés ; vos Adminiſtrations ne font qu'une
» feule & même famille, & fauroient les détruire dès leur
» naiſſance. D'ailleurs , les Orléanois font les enfans de la
» Patrie ; ils ne dégénéreront pas de leurs titres primitifs. »

« Je vous obferve que la mefure que je fais prendre à la
» Municipalité eſt la même que celle que j'ai prife dans le
» Département du Cher ; j'y ai même été invité par l'Adminiſtra-
» tion fupérieure , & tous les adminiſtrés y ont applaudi. »

« J'ai pareillement oublié dans mes précédentes Séances de
» nommer à la Cure d'Olivet , dont le Curé a été deſtitué
» par moi & Collot-d'Herbois ; la Municipalité de cet endroit
» eſt revenue à la charge, & elle m'a propofé un bon Patriote ;
» la preuve qu'il l'étoit , c'eſt qu'il doit être marié cette
» femaine. »

« Vous tous , pères de famille , préférez sans doute un
» Curé marié , parce qu'il sera des enfans à sa femme. »

« En conséquence , en vertu des pouvoirs dont je suis
» investi , je nomme à la place de Landron, Curé destitué à
» Olivet , le Citoyen Laganne. » (*On applaudit générale-*
ment.)

« Le Représentant dit : j'avois primitivement consacré cette
» Séance pour entendre le compte de mes Délégués : comme
» l'heure s'avance, je vais la terminer par la lecture de plu-
» sieurs Mémoires qui m'ont été adressés relativement aux
» Subsistances. »

Le Citoyen Laplanche donne les Mémoires au Citoyen
Rousseau qui en fait la lecture.

Après la lecture de ces Mémoires , Rousseau propose des
articles additionnels qui sont appuyés. Le Représentant du
Peuple renvoie la pétition au Comité des Subsistances, charge
le Comité de lui présenter, à la Séance de demain, à 11
heures du matin, qu'il a annoncée pour la réception des comptes
de ses Délégués, un Arrêté qui renfermera des vues propres
à procurer des Subsistances à la Commune.

Il a adjoint à ce Comité Rousseau, qui a des connoissances
particulières sur cet article, & invite tous les Citoyens qui
pourront donner quelques renseignemens , de vouloir bien se
rendre au Comité pour la même cause.

Rousseau prend la parole & dit : « On se plaint que les
» Laboureurs ne battent pas, hé bien, cela est vrai; ils ne
» battent que lorsque les agioteurs vont chez eux acheter les
» grains à un prix au-dessus du *Maximum.* »

Aignan. « Citoyen Représentant , je dois dénoncer un fait
» que Dauzeret, Commissaire des Guerres, atteste; c'est qu'on
» lui a apporté de la fiente de cheval, dans laquelle se
» trouvent des grains.

Le Citoyen Laplanche. « Vous me dénoncez des faits,
» dénoncez-moi les perſonnes qui commettent ces horreurs,
» j'en ferai juſtice par le damas national. J'enjoins à tous les
» bons Citoyens de me citer les coupables des délits qui
» viennent de m'être dénoncés, & je réponds que dans douze
» heures la guillotine en fera juſtice. Je n'épargnerai perſonne ;
» je déſire ſur-tout que la tête d'un négociant égoïſte, ou d'un
» laboureur ou d'un boulanger tombe dans le ſac de la guil-
» lotine. Si quelqu'un enfin peut me dénoncer quelques ſcélérats
» avec de grandes preuves, je les ferai juger par le Tribunal
» Criminel, & je préſiderai ce jugement. »

» J'invite le Comité de Bienfaiſance à me préſenter demain
» matin un plan de travail, pour que Mardi je puiſſe procéder
» à la diſtribution d'une ſomme de 50,000 livres entre les
» indigens de cette Commune ; comme ce ſont les enfans de
» la grande famille, je veux leur donner des preuves de mon
» amitié. »

Le Repréſentant du Peuple annonce que la Séance eſt
ajournée à demain onze heures.

Des cris de *Vive la République! Vive la Montagne ! &
Vive Laplanche!* retentiſſent dans la Salle des Séances, & le
Repréſentant eſt conduit chez lui avec la même pompe qui
l'a accompagné à ſon arrivée.

AUJOURD'HUI troiſième jour de la troiſième décade du
premier mois de l'an deuxième de la République une & indiviſible, ſuivant l'annonce faite dans la Séance d'hier par le Repréſentant du Peuple, les Autorités conſtituées, les Etabliſſe-
mens publics, ſoit en corps, ſoit par députation, le Peuple
repréſenté par la Société Populaire & par les Sections, s'étant
rendus dans le lieu des Séances extraordinaires, la préſence du

Repréſentant du Peuple s'annonce au bruit des applaudiſſemens qui l'accompagnent toujours, organe non équivoque de la reconnoiſſance publique.

Le Repréſentant du Peuple ouvre la Séance par le Diſcours ſuivant.

Républicains,

« Cette Séance eſt une continuation de celle d'hier ; j'eſpère
» qu'aujourd'hui je n'aurai point à lutter contre l'impudeur
» des coalitions. Si je m'aperçois qu'une faction vienne faire
» cabale pour ſervir les intrigans, je les punirai très-rigoureu-
» ſement. »

« Je dois vous annoncer que le Repréſentant du Peuple ne
» veut que votre ſalut ; vous êtes induits en erreur ; hé bien,
» je ſaurai arracher le maſque du faux patriotiſme ; en atten-
» dant, je vais prendre des meſures générales., & j'en ai déjà
» priſes à l'inſtant où je vous parle. »

« Le glaive de la Loi eſt ſuſpendu ſur la tête des intrigans ;
» le Repréſentant du Peuple ne ſe laiſſe point aveugler par
» quelques ſoi-diſant patriotes ſéditieux qui viennent ameuter
» le Peuple. Je veux la tranquillité dans cette Cité. Si un
» mauvais Adminiſtrateur m'a échappé, la juſtice nationale eſt
» toujours prête. Je reſterai à Orléans autant de temps qu'il
» le faudra pour que le Département du Loiret ſoit un des
» plus beaux Départemens montagnards. Le Département du
» Cher pourroit vous ſervir de modèle ; il eſt à la hauteur
» de la Révolution. Le Repréſentant Montagnard l'a électriſé.
» Je veux, en rentrant dans vos foyers, non - ſeulement que
» vous trouviez des ſubſiſtances, mais encore je veux ne con-
» fier vos intérêts qu'à des Citoyens dignes de faire votre
» bonheur ; en conſéquence je vais les épurer, car dans le
» nombre il pourroit s'en trouver un qui ſeroit dans le cas de

» les gâter tous , & je les ferai paſſer tous par le crible national.
» Vos ſubſiſtances ſeront approviſionnées. Je veux ôter ces
» pommes de diſcorde qui exiſtent entre vous ; je punirai les
» contre-révolutionnaires ainſi que ceux qui viendront troubler
» dans cette Cité mes opérations. Malheur à ceux qui en ſont
» les objets , parce que tôt ou tard ils en ſeront la victime.
» C'eſt par une ſuite de ces principes que j'ai purgé l'Admi-
» niſtration ſupérieure. Robin m'a donnné ſa démiſſion ; *c'eſt*
» *un avare que je n'ai pas deſtitué par pitié pour ſes*
» *cheveux blancs.* »

« Marchand également m'a offert ſa démiſſion : le Diſtrict
» de Pithiviers m'a fait des reproches amers; il ne s'en eſt pas
» juſtifié , ainſi eſt-il ici ? »

Marchand paroît & donne ſa démiſſion. Le Repréſentant
lui demande ſa décoration, mais Marchand obſerve qu'il ne
l'a pas & qu'il la remettra à ſon ſucceſſeur.

Le Repréſentant. « Je vais procéder de ſuite au remplace-
» ment de Marchand qui vient de me donner ſa démiſſion. »

« En vertu de mes pouvoirs illimités , je nomme à la place
» de Marchand le Citoyen Bonſergent, Secrétaire du Diſtrict
» de Pithiviers. (*On applaudit.*)

Le Repréſentant dit : « Cette Adminiſtration ainſi compoſée
» va marcher à pas de géant dans le ſentier du patriotiſme. »

« Comme le Repréſentant du Peuple doit porter ſes regards
» ſur les établiſſemens publics & ſur les hôpitaux, je dois
» faire droit ſur une pétition qui m'eſt adreſſée par l'Admi-
» niſtration de l'Hôtel-Dieu. Cette Adminiſtration renferme
» quantité de pauvres malades; elle a des dettes & n'a pas
» de fonds ; en conſéquence je m'empreſſe de venir à ſon
» ſecours. Je lui donne 25,000 livres à prendre ſur la Caiſſe
» provenant des taxes révolutionnaires. J'obſerve que cette

ſomme

» ſomme eſt payable à l'inſtant ; c'eſt une Lettre de change
» tirée à vue. » (*Grands applaudiſſemens.*)

Le Repréſentant dit : « Républicains, nous allons nous oc-
» cuper de trois objets importans. Le premier, la reddition
» des comptes de mes Délégués dans les ſix autres Diſtriĉts
» de ce Département. Leur miſſion a été publique, leurs
» pouvoirs ont été publics, leurs comptes doivent être par
» conſéquent rendus publiquement. »

« Mes Délégués vont rendre leurs comptes. S'ils ont bien
» rempli leur miſſion, je leur donnerai le juſte tribut d'éloges
» qu'ils méritent ; s'ils ſont coupables, je ne les épargnerai
» pas. »

« Le Comité de Bienfaiſance aura enſuite la parole pour
» me mettre à même de diſtribuer les 50,000 livres que j'ai
» promis de verſer dans le ſein des Indigens. »

« Le Comité des Subſiſtances me fera ſon rapport ſur le
» travail dont je l'ai chargé hier. »

« Qu'un Délégué demande la parole, je la lui accorderai. »

Parmentier demande & obtient la parole. Il monte à la
Tribune & dit :

CITOYEN REPRÉSENTANT,

« Vous m'avez délégué pour les Diſtriĉts de Pithiviers &
» Neuville ; je vais vous rendre compte de mes opérations ;
» heureux ſi je ſuis parvenu à remplir vos intentions ! »

» Lors de mon arrivée à Pithiviers, Chef-lieu de Diſtriĉt,
» j'ai trouvé deux partis bien prononcés ; le parti ariſtocrate,
» & le parti vrai ſans-culotte. Je fus embarraſſé pour le
» moment, parce que les ariſtocrates & les fanatiques avoient
» ſu gagner le Peuple, de manière à tomber ſur les Sans-
» culottes au beſoin ; mais ayant réfléchi ſur l'étendue de mes
» pouvoirs, & voyant l'urgente néceſſité de frapper un coup

» capable d'étourdir mon ennemi , je m'entourai de la force
» armée ; j'envoyai fimultanément chercher les Brigades de
» Neuville , Malesherbes & Boifcommun ; je fis arrêter tous
» les Prêtres fanatiques , j'ordonnai un impôt révolutionnaire
» fur les riches ariftocrates , & cette conduite vigoureufe a
» terraflé fur-le-champ cette troupe de fcélérats. »

« Le Peuple fut d'abord étourdi de ma conduite ; mais
» lorfqu'il vit que je me déclarois fon protecteur , que je
» venois pour lui tendre une main fecourable, ce bon Peuple
» fe plaça autour de moi , & je reçus de lui les lumières
» néceflaires pour prononcer avec juftice fur le fort des indi-
» vidus qui compofoient les Corps Adminiftratifs ; & j'ai
» trouvé , d'après tous les renfeignemens donnés , que très-
» peu de Membres de toutes les Adminiftrations méritoient
» la confiance du Peuple. J'ai remplacé tous les Membres du
» Diftrict , à l'exception d'un feul. J'ai remplacé toute la
» Municipalité & le Confeil Général de la Commune , à
» l'exception de cinq ; en un mot , j'ai régénéré tous les
» Corps , de manière à les faire marcher d'un pas égal &
» à la hauteur de la Révolution.

« Ce n'eft pas aflez d'avoir régénéré les Adminiftrations ;
» l'ouvrage auroit été imparfait fi je n'avois pas détruit ce
» germe du fanatifme que l'on avoit infinué dans le cœur de
» ce bon Peuple. Qu'ai-je fait pour le détruire ? j'ai d'abord
» défendu tout culte extérieur; j'ai aboli les proceffions; j'ai
» fait abbattre toutes les croix des chemins , & profitant de
» la confiance que le Peuple m'avoit donnée , j'ai enlevé le
» bon S George , pefant quatre-vingt-fix marcs d'argent, pour
» lui faire opérer des miracles dans le creufet national. »

« J'ai plus fait; j'ai ordonné à tous les Curés de fe marier,
» fous peine d'encourir la difgrace de la Nation entière, faifant
» connoître au Peuple qu'un Curé célibataire étoit un être

» dangereux , que fon oifiveté le rendoit fufpect , qu'il étoit
» temps enfin qu'ils donnaffent à leur troupeau l'exemple
» des vertus , & qu'ils commençaffent à nourrir les enfans
» qu'ils pourront faire. Une vingtaine m'ont promis de fe marier
» avant deux mois , & j'ai des procurations pour leur chercher
» des femmes. »

« J'ai réuni une quinzaine de paroiffes dans le Diftrict de
» Pithiviers , & j'efpère qu'on pourra en faire autant dans celui
» de Neuville. »

« J'ai ordonné la defcente de toutes les cloches , & l'opé-
» ration eft faite. »

« J'ai ordonné que toutes les grilles, portes de fer des
» ci - devant châteaux foient abbattues , ainfi que toutes les
» claire-voies ; & comme la Nation eft pauvre , & que ces
» grandes maifons appartiennent à des ariftocrates , j'ai ordonné
» que le tout fera conduit au Département aux frais des
» propriétaires. »

« J'ai également ordonné que les grilles des Eglifes , les
» portes de fer , les baluftrades , les croix foient portées au
» Département , mais le tranfport aux frais de la Nation. »

« Cette opération pourra à peu-près produire deux millions
» pefant de fer. »

« J'ai fait incarcérer trois Curés pour avoir annoncé une
» Meffe pour le repos de l'ame de Capet & l'avoir recom-
» mandé aux prières ; leur crime eft d'autant plus grand ,
» qu'ils ont refufé , à la demande des paroiffiens , d'annoncer
» des prières pour l'ame de Lepelletier. »

« J'ai fait incarcérer trois autres Prêtres qui fanatifoient
» tous les efprits , & qui empêchoient les Citoyens de fuivre
» la morale patriotique des Curés Révolutionnaires. »

« J'ai fait incarcérer un feptième Prêtre , homme dangereux,
» faux patriote, & qui, fous le mafque fans-culotte, divifoit

» tous les Citoyens ; & leur infinuoit l'efpoir de voir revenir
» l'ancien ordre des chofes : il y a au moins trente chefs
» d'accufation contre lui. »

« J'ai fait arrêter un ex-noble prévenu d'avoir fait émigrer
» fon fils & décourager les Jeunes-Gens au recrutement. »

« J'ai fait incarcérer S. Hilaire & fon Régiffeur, parce que
» j'ai trouvé chez ce dernier une correfpondance coupable &
» nuifible à l'intérêt de la République. »

« J'ai fait incarcérer un autre noble prévenu d'une arifto-
» cratie dangereufe. »

» J'ai fait incarcérer deux Enfans, l'un de quinze ans &
» demi, & l'autre de dix-fept ans, pour avoir crié au mois
» d'août dernier, *vive Louis dix-fept.* »

» J'ai fait incarcérer un Enfant de dix ans pour avoir écrit
» fur un papier, *vive Louis dix-fept ; au diable la République ;*
» *les Patriotes font foutus ; il faut fuivre l'exemple du fameux*
» *Toulon, il fait notre bonheur.* »

« J'ai fufpendu de fes fonctions un Commiffaire des Affem-
» blées primaires, parce que la Société Populaire de Pithi-
» viers l'avoit chaffé de fon fein pour avoir pris publiquement
» la défenfe des ariftocrates, & qu'il étoit l'efpion de tous
» ces monftres. »

« J'ai organifé un Comité de Salut Public & Révolution-
» naire, à l'inftar de celui du Chef-lieu du Département ;
» un dans la ville de Pithiviers, & un dans la ville de Puifeaux,
» avec l'injonction de correfpondre avec celui d'Orléans, &
» d'avoir toujours l'attache, pour leurs opérations, des Com-
» miffaires nationaux envoyés pour l'acceptation de la Conf-
» titution. »

« J'ai caffé la Société Populaire de Neuville, parce qu'elle
» étoit Feuillantifée ; j'ai fait brûler tous les regiftres, & je

» J'ai recrée fous le nom de *Société des Sans-Culottes de la*
» *Montagne.* »

« J'ai fait abbattre la halle de Neuville qui tomboit en ruine,
» à la condition que l'on éleveroit à la place une Pyramide où
» feroit écrits les Droits de l'Homme. »

« J'ai levé une taxe révolutionnaire fur les aristocrates,
» tant ex-nobles que mauvais fermiers, meûniers & autres,
» & j'ai donné largement aux Municipalités des Paroiffes que
» j'avois taxées ; mais je vous ai rapporté une fomme de
» cinquante-cinq mille livres, dont cinq mille en argent &
» cinquante mille en papier, ainfi que mes comptes vous le
» prouveront. »

« Voilà mes opérations. Si vous voulez la lecture de mes
» Procès-verbaux, je fuis prêt à la faire. »

Le Repréfentant du Peuple.

CITOYEN DÉLÉGUÉ,

« Le tableau de vos opérations mérite l'approbation du
» Repréfentant du Peuple ; puifque vous avez répondu à fa
» confiance, je dois vous dire pour votre gloire que vous
» avez mérité l'eftime des Citoyens de Neuville & Pithiviers ;
» je dois dire à votre louange qu'ils vous ont décerné des
» vers & des couronnes Civiques. C'eft affez prouver au Peuple
» que vous avez rempli votre miffion en Montagnard : cepen-
» dant je vais vous faire part des reproches qui m'ont été faits
» contre vous. »

« On vous reproche d'avoir taxé arbitrairement à une fomme
» de 600 livres la veuve Durozet. »

Parmentier. « J'ai été induit en erreur fur le compte de
» la Citoyenne Durozet, & j'ai réparé ma faute fur le champ. »
Il fait donner lecture d'une Lettre qui juftifie fa conduite à
cet égard.

Le Repréfentant. « Citoyen Délégué, vous avez éprouvé le
» fort des grands ; vous avez partagé le fort du Repréfentant.
» Vous avez fait une faute, vous l'avez réparée ; vous n'avez
» pas pour cela perdu la confiance de vos Concitoyens. »

» Citoyen Délégué, qu'avez vous fait du ci-devant Saint-
» George ? »

Parmentier. « Je l'ai mis entre vos mains lorfque je fuis
» arrivé ; il eft dans un fac & pèfe 86 marcs.

Le Repréfentant ne l'ayant pas, demande ce qu'il eft devenu,
& le Comité révolutionnaire déclare l'avoir en fa poffeffion.

Le Repréfentant. « On vous reproche d'avoir deftitué Venard,
» Juge du Diftrict à Pithiviers. Qu'avez-vous à répondre ? »

Parmentier. « Venard eft un Juge du Diftrict de Pithiviers
» que j'ai deftitué fimplement. J'ignore fur quel fondement on
» a pu vous porter des plaintes contre moi ; mes Procès-Ver-
» baux vous feront connoître que je n'aurois pas mérité votre
» confiance fi je l'avois laiffé à fon pofte. Au furplus, voici
» deux Lettres adreffées à une Citoyenne de cette Cité. Je
» vous prie d'en faire faire la lecture, & vous jugerez ma
» conduite. »

Rouffeau lit les Lettres ci-après.

Pithiviers ce 8 Octobre 1793, l'an 2 de la République
Françoife, une & indivifible.

CITOYENNE,

*J'aurai une éternelle reconnoiffance des bontés dont vous
venez de me combler, de l'intérêt que vous avez pris à mon
fort, de la réception gracieufe que ma Belle-fœur a éprouvée
de votre part ; de la lettre que vous avez mife en ma faveur
au généreux Citoyen Parmentier, qui a prévenu vos defirs,
& a fait pour moi tout ce que l'équité pouvoit lui permettre,
eu égard aux circonftances. Heureux, mille fois heureux le*

jour qui me procura votre connoiſſance! Citoyenne, pouvois-
je m'attendre que votre généroſité me la rendroit ſi précieuſe?
Soyez perſuadée que je m'en rendrai digne par tous les ſacrifices qui feront en mon pouvoir. J'eſpère que vous voudrez
bien continuer à m'être toujours favorable auprès du Citoyen
Parmentier, & qu'à votre ſollicitation, il voudra bien faire
pour moi tout ce que l'équité & la prudence lui ſuggéreront;
la confiance que le public a pour lui eſt ſans bornes; ſon
pouvoir eſt illimité, il eſt généreux & équitable, ainſi tout
me promet un heureux ſuccès; ceſt de vous particulièrement
que je l'attends, Citoyenne, & ſuis avec les ſentimens reſ-
pectueux.

Le Citoyen VENARD.

P. S. Mon épouſe ſe joint à moi, elle vous témoigne ſa
reconnoiſſance & vous préſente ſes reſpects.

Pithiviers ce 8 Octobre 1793, l'an 2 de la République
Françoiſe, une & indiviſible.

CITOYENNE,

Je vous aurois témoigné plutôt ma reconnoiſſance, & peut-
être aurez-vous été ſurpriſe que je ne vous en ai pas aſſuré
plus promptement; mais le motif qui m'en à empêché m'ex-
cuſera auprès de vous. J'ai reſté 4 jours à Orléans pour y
attendre le Citoyen Parmentier; trompé dans mon attente,
j'ai pris le parti de m'en retourner; ce n'eſt que d'hier que
j'ai pu lui remettre la lettre que vous avez eu la bonté de
me confier. C'eſt avec raiſon, Citoyenne, que vous m'avez
peint le caractère de ce Citoyen, ferme, mais juſte & humain.
J'ai reconnu en lui toutes ces rares qualités : il me dit qu'il
avoit fait tout ce que l'équité lui avoit permis ; il a même porté
la généroſité juſqu'à me promettre de faire tout ce qui dé-
pendroit de lui pour me rendre ſervice. Voyez, Citoyenne,

fi ce n'étoit pas avec raifon que je réalifois mes efpérances fur vos bontés. Mon mari enhardi par l'efpoir de votre lettre, à pris la liberté de folliciter pendant mon abfence auprès du Citoyen Parmentier, qui vous dira comment les chofes fe font paffées. J'efpère, Citoyenne, que vous aurez la bonté de vous en occuper un inftant. D'après la réception gracieufe que vous m'avez faite, & les bontés dont vous m'avez comblée, j'ai tout lieu d'efpérer que vous parlerez en notre faveur à ce vertueux & digne Républicain. Recevez, Citoyenne, les témoignages de la plus vive reconnoiffance ; je ne cefferai de faire des vœux pour votre bonheur & celui de votre aimable famille. Je fouhaite que votre jeune héros revienne couvert des lauriers que fa valeur va lui mériter. Permettez, Citoyenne, que votre demoifelle, digne héritière de vos vertus, reçoive les remercimens des bontés qu'elle à eu pour moi. Je fuis avec les fentimens refpectueux,

Votre Concitoyenne, Signé *LANGLOIS - DUPAS.*

Le Repréfentant du Peuple. « Sans doute la lecture de ces » Lettres eft fuffifante pour éclairer ma religion ; lorfqu'on » reçoit des lettres femblables des perfonnes deftituées, on » ne peut être foupçonné d'injuftice. »

« Voici le plus important des reproches que l'on ma fait » contre vous, & c'eft celui qui vous a mérité l'honneur de la » dénonciation à la Convention nationale. »

« On vous accufe d'avoir taxé mal-à-propos Momet, pro-» priétaire à Pithiviers, à une fomme de 40,000 liv. Juftifiez-» vous. »

Parmentier. « Momet eft un riche avare poffédant de trois » à quatre millions de bien. Sur les plaintes qui m'ont été » faites par les habitans de Pithiviers & de Crêne, il paroît » qu'il a toujours vexé le malheureux, & qu'il a même ufurpé

des

» des propriétés à plufieurs habitans de fa paroiffe. Le Peuple
» voyant que je traitois fi bien les Ariftocrates , a cru ne
» devoir pas l'oublier ; on voulut d'abord que je le taxe à
» 80 mille francs , mais après avoir fenti que cette fomme
» étoit exorbitante , on s'eft réduit à la moitié. Je fis donc
» un réquifitoire à fon Régiffeur pour me payer la fomme
» de 40 mille livres pour le Sieur Momet ; le Régiffeur
» n'ayant point de fonds , partit fur-le-champ pour Paris ,
» annoncer à Momet la fomme qu'il avoit à payer. A la vue
» de mon ordre , fa fordide avarice lui fit jeter feu & flammes ;
» alors , pour fe tirer d'embarras , il s'adreffa à un Membre
» de la Convention appelé *Seveftre* , pour inftruire la Conven-
» tion de fon accident. Seveftre porta la parole ; mais la
» Montagne , toujours ferme dans fes principes révolution-
» naires, & reconnoiffant qu'il n'exifte pas de moyen plus
» efficace pour dompter l'ariftocratie qu'en la puniffant par
» la bourfe , elle demanda de paffer à l'ordre du jour pure-
» ment & fimplement ; mais, fur l'obfervation de Duhem, on
» renvoya la motion au Comité de Salut public pour en faire
» le rapport. »

« Dans ce même temps le Département du Loiret arrêta
» que je me tranfporterois à Paris pour folliciter fur des objets
» d'intérêt public ; fitôt mon arivée je me rendis au Comité
» de Salut public , où je fis part des objets de ma miffion
» ainfi que le Département me l'avoit ordonné. Les Citoyens
» Barrere & Collot-d'Herbois me dirent que M. Momet m'avoit
» inculpé pour l'avoir taxé à une fomme de 40 mille livres.
» Je répondis que c'étoit à tort que M. Momet m'inculpoit,
» parce que fi M. Momet étoit obligé de reftituer toutes les
» ufurpations qu'il a faites , il n'en feroit pas quitte pour cent
» mille écus ; qu'au furplus M. Momet n'avoit pas réclamé
» la juftice du Peuple lorfqu'il reçut du ci-devant Capet une

» fomme de huit cent mille livres pour lui avoir paffé fon
» contrat. Il ne s'eft pas inquiété alors fi cette fomme étoit
» le pur fang du malheureux ; & que je trouvois très-deplacé
» qu'après vingt ans de jouiffance d'une fomme fi injuftement
» donnée , que M. Momet trouvât à redire à ce que le
» Peuple en réclamât un vingtième pour fes befoins »

« Le Comité alors me fit obferver que j'avois outré la
» forme pour ma taxe , & qu'un Pacha ne feroit pas plus
» impératif que moi. »

« Je répondis que la forme dont je m'étois fervi pouvoit
» avoir quelque chofe de répulfif , mais que les circonftances
» malheureufes où nous nous trouvons demandoient de paffer
» fur la forme pour n'attaquer que le fond ; qu'au furplus ,
» fi j'avois démérité par ma conduite , je me foumettois fans
» peine à la févérité de la Loi. Mais ils furent juftes ; ils ont
» pénétré dans mon ame ; ils ont vu que je n'avois d'autre
» but que d'arriver au fecours de mes frères ; ils ont approuvé
» mes intentions , & m'ont promis d'en fufpendre le rapport
» jufqu'à votre arrivée à Paris. »

Le Repréfentant du Peuple. « C'eft ici le Peuple qui doit
» juger Parmentier. Parmentier a-t-il fait fon devoir en taxant
» à une fomme de 40,000 livres un homme qui eft avare &
» ariftocrate, qui a tiré fa fortune du pur fang des malheu-
» reux ? Je trouve que fi Parmentier a fait une faute, c'eft
» d'avoir été trop modéré. »

Le Peuple s'écrie d'une voix unanime, *oui, oui, oui.*

« Comme la conduite de mes Délégués fera foumife à la
» Convention Nationale, j'interpelle le Peuple de déclarer fi
» le Citoyen Parmentier a confervé la confiance du Peuple. »
Un *oui* général fe fait entendre. »

Plufieurs voix demandent l'augmentation de la taxe révolutionnaire de Momet ; les uns défirent qu'elle foit portée à 60,000 livres, les autres à 100,000 liv.

Le Citoyen Laplanche, dit : «Si le Répréfentant du Peuple » eût impofé Momet, certainement il l'eût impofé à une plus » forte fomme; mais fon Délégué a prononcé, & il ne peut » qu'approuver fa conduite. »

Le Répréfentant ordonne l'impreffion du rapport de fon Délégué & la mention honorable de fon zèle montagnard, & dit à Parmentier : « Je m'empreffe , Citoyen Délégué, de » vous offrir le jufte tribut d'éloges dû à votre fermeté & à » votre patriotifme; je déclare au nom du Peuple entier que » vous avez bien mérité de la Patrie.» (*On applaudit.*)

Plinguet demande & obtient la parole, & fait fon rapport ainfi qu'il fuit :

Citoyen Représentant,

» Invefti de grands pouvoirs, je fuis chargé d'une grande » refponfabilité. »

« Je dois compte de l'état dans lequel j'ai trouvé l'efprit » public, des caufes de fon anéantiffement, & de ce que » j'ai fait pour fa régénération. »

« Je dois compte des précautions que j'ai prifes pour m'en- » tourer de Citoyens fur l'impartialité defquels je puffe bien » compter. »

« Je dois compte de mon travail fur les fubfiftances, les » fecours publics , la bienfaifance nationale & la répreffion » de l'ariftocratie. »

« Je dirai auffi ce que j'ai fait pour tuer le fanatifme. »

Efprit public.

« L'efprit public étoit dans un état d'inertie que j'attribue » à la malveillance filencieufe, mais pourtant bien active des

» Prêtres. Je l'attribue à l'indolence des Administrations par-
» ticulières qui coïncidoit avec les lenteurs coupables de l'ancien
» Département. »

« J'ai senti que le succès de mes opérations dépendoit de
» l'intégrité des Patriotes qui m'approchoient. Pour fixer mon
» choix à cet égard, j'ai parcouru les Registres de la Société
» Populaire. J'ai cherché ceux qui dans les circonstances difficiles
» se sont ralliés aux principes & n'ont jamais quitté la ligne
» de la révolution. Je n'ai pas cru que cette précaution fut
» suffisante. J'ai consulté chacune des trente-six Municipalités
» du District sur les opérations que je devois faire dans leurs
» arrondissemens respectifs. L'avis des Municipalités & celui
» de mon conseil particulier se balançoient, se vivifioient
» réciproquement , & j'étois alors, autant que possible, à
» l'abri de l'arbitraire. »

Subsistances.

« Je me suis confirmé dans l'opinion que j'avois depuis long-
» temps que le District de Boiscommun ne pouvoit subvenir
» aux besoins de tous ses habitans. La maigreur & la stérilité
» de son sol le forcent de recourir au marché de Pithiviers.
» Mais il est un moyen de remédier à ce vice local. Toutes
» les Paroisses riveraines de la forêt ont obtenu en 1675, des
» terres vaines & vagues pour pâturage des bêtes blanches ,
» à la charge par les habitans de prêter secours en cas d'in-
» cendie dans les bois. Ces Communes sollicitent le partage,
» le défrichement de ces terrains totalement nuls pour l'agri-
» culture, & je dois dire au Représentant du Peuple que
» l'exécution de cette mesure auroit le double avantage d'ac-
» croître la masse des subsistances & d'éloigner de la forêt des
» troupeaux qui lui font un tort considérable. »

« Les Volontaires de la première classe ne sont point

» encore raſſemblés faute d'approviſionnement. J'ai pris les
» meſures propres à accélérer le mouvement de la machine ;
» par ma réquiſition du 28 Septembre j'ai mis les bras de
» luxe à la diſpoſition des Adminiſtrateurs., & j'ai rendu ceux-
» ci reſponſables de tous les retards. »

Secours publics.

« J'ai requis les Municipalités de me mettre ſous les yeux
» l'état de leurs pauvres., leur âge , le nombre de leurs enfans ,
» leurs infirmités & les cauſes de leur indigence. »

« Je les ai conſultées ſur l'état de leurs chemins , parce que
» cet objet m'a ſemblé lié avec l'encouragement qu'il faut
» donner à l'agriculture. »

« Je me ſuis fait préſenter auſſi des projets d'ateliers de
» charité, & les deffrichemens dont j'ai parlé à l'article des
» ſubſiſtances me donnent un moyen précieux de remplir à
» la fois deux objets importans, celui de donner de l'ouvrage
» à ceux qui en manquent, & celui d'occuper le peuple à
» des travaux qni lui ſoient particulièrement avantageux. »

« J'ai cru devoir mettre l'inſtruction dans la claſſe des ſecours
» publics, & j'ai fait à tous les Inſtituteurs du Diſtrict la Réquiſition ſuivante. »

*Nous Commiſſaire Délégué par le Repréſentant du Peuple
dans le Diſtrict de Boiſcommun :*

*Conſidérant qu'on ne ſauroit faire des applications trop
promptes & trop multipliées de l'Article de la Déclaration
des Droits qui proclame l'inſtruction comme le beſoin de
tous ;*

*Conſidérant que les honnêtes habitans de la campagne, na-
turellement amis de la Révolution , n'ont beſoin pour en devenir
les amans jaloux que de la connoiſſance parfaite de la Conſ-
titution qù'ils doivent à la Montagne ;*

Confidérant que cette connoiffance portera inceffamment à la hauteur des circonftances les jeunes gens qui feront revêtus dans quelques années du titre refpectable de défenfeur de la Patrie;

En vertu des Pouvoirs qui nous ont été donnés par le Repréfentant du Peuple Député par la Convention Nationale dans le Département du Loiret & autres, enjoignons au Citoyen Pierre Larry, Inftituteur de la Commune de Vitry, Diftrict de Boifcommun, de fe fervir principalement, pour l'exercice de fes fonctions, de la Déclaration des Droits de l'Homme & de la Conftitution Républicaine décrétée par la Convention Nationale. Lui enjoignons auffi de faire une étude particulière de cette Charte immortelle, de fe pénétrer des principes fublimes qu'elle confacre, & l'invitons au nom de la France régénérée, à difpofer l'ame de fes élèves aux vertus qui caractérifent des Hommes libres.

Bienfaifance Nationale.

« L'Apôtre des principes de la Montagne devoit faire des » profélites à la Liberté, & pour remplir fon devoir à cet » égard, il a récompenfé folemnellement ces beaux traits que » le gouvernement defpotique n'a jamais connus. »

« Deux enfans, la feule efpérance d'une mère infirme & „ fort âgée, fervent fous les drapeaux de la République. Leur „ acharnement à pourfuivre les ennemis de la Patrie rend en „ eux la piété filiale plus active. Ils font paffer à leur mère le „ produit de leurs épargnes. Cette conduite bien digne de „ Républicains a dû trouver chez le Délégué du Repréfentant „ du Peuple un témoignage éclatant de l'approbation Natio-„ nale. Par une lettre aux enfans, j'ai encouragé la vertu; „ par des fecours à la mère, j'ai prouvé que la Convention „ Nationale honore la vieilleffe. „

« Un homme qui depuis vingt ans confacre fes veilles au
„ foulagement des pauvres , a reçu 200 liv. de gratification ,
„ & certes ma reconnoiffance eft bien au-deffous de ce que lui
„ doit l'humanité , car il eft lui-même dans une mifère
» profonde. „

Répreffion de l'Ariftocratie.

„ La répreffion de l'ariftocratie étoit un moyen de raviver
„ l'efprit public, & je n'ai rien négligé de ce qui pouvoit me
„ procurer des fuccès à cet égard. „

„ A Beaune & à Nancray j'ai tenu des féances publiques ;
„ j'ai formé des Sociétés Populaires; les efprits y font mainte-
„ nant dans les difpofitions les plus favorables. „

« Tous mes mandats révolutionnaires font motivés de
» manière à ce que fans être en contradiction avec mes principes ,
» j'ai toujours pu reconnoître & corriger mes erreurs quand
» j'en ai commis, & cela m'eft arrivé parce que je fuis homme. »

« J'ai cru que chargé de comprimer l'égoïfme, je devois auffi
» encourager la vertu , fur-tout dans la claffe refpectable du
» Peuple. »

« Les bons riches, je les ai félicités, & mes Lettres feront
» pour eux des titres de nobleffe. »

« Par des Lettres paternelles, j'ai voulu rappeller dans le
» giron de la République les hommes qui étoient , ainfi que
» Paul Veronèze, entre le vice & la vertu. »

« Par des Lettres févères & motivées fur-tout , j'ai terraffé
» l'ariftocratie & le modérantifme. La taxe révolutionnaire a
» atteint ces ames viles qui fpéculent froidement fur les
» foulevemens du Peuple & fur les gémiffemens du Pauvre. »

Mefures de Sûreté générale.

« J'ai fait mettre en arreftation quatre individus ; deux ci-
» devant nobles & deux prêtres. Ma conduite à cet égard

» juſtifiée par l'opinion publique , l'eſt plus particuliérement
» encore par des pièces qui feront remiſes au Comité Révo-
» lutionaire. »

« Dans une Séance publique à laquelle ont aſſiſté toutes
» les Adminiſtrations de Boiſcommun , j'ai porté mes regards
» & receuilli le ſuffrage populaire ſur les Adminiſtrateurs de
» Diſtrict , les Officiers municipaux , le Tribunal du Diſtrict,
» celui de Conciliation , le Juge de Paix & ſes Aſſeſſeurs , les
» Avoués & Hommes de Loi , les Notaires , la Maiſon de
» Bienfaiſance , les Secours publics , les Inſtituteurs & Inſti-
» tutrices , les Miniſtres du culte catholique , l'Adminiſtration
» de la poſte-aux-lettres , la Garde Nationale , la Gendar-
» merie Nationale , les Priſons & les Officiers de ſanté , les
» Boulangers , les Marchands , & les Meûniers. »

« Dans cette Séance j'ai prononcé la deſtitution du Direc-
» teur de la poſte-aux-Lettres & celle du Commiſſaire National
» près le Tribunal du Diſtrict. J'ignorois alors que la Conven-
» tion eût décrété que Julien de l'Iſle , fils du dernier , eût
» bien mérité de la Patrie. Mon acte de ſévérité ſera peut-
» être pour le Repréſentant du Peuple l'occaſion d'un acte
» de reconnoiſſance nationale. Quelque ſoit à cet égard le juge-
» ment du Citoyen Laplanche , je baiſſerai reſpectueuſement
» mon front devant la ſentence d'un homme juſte que le
» Peuple Orléanois proclame ſon bienfaiteur & ſon père. »

Meſures contre le Fanatiſme.

« Pour éteindre les torches du fanatiſme , j'ai fait à tous
» les Curés la Réquiſition ſuivante. »

*Nous Commiſſaire Délégué par le Repréſentant du Peuple
dans le Diſtrict de Boiſcommun :*

*Conſidérant que le premier titre de tous les François eſt
celui de Citoyen ;*

Conſidérant

Confidérant que le premier devoir de tous les François eſt d'être Citoyen ;

Confidérant que les fonctions paſtorales chez un peuple appellé à la vertu, ſe réduiſent à rapprocher la religion de la dignité que des hommes pervers ont anéantie, & de la ſimplicité touchante qui ſera toujours ſon ſigne caractériſtique ;

Confidérant qu'il importe de rompre promptement la barrière par laquelle le ci-devant clergé s'étoit ſéparé du reſte des hommes & s'étoit réſervé le pouvoir excluſif de diſpoſer d'eux ;

Confidérant que les lumières de la philoſophie ſont le ſeul moyen d'étouffer le fanatiſme religieux :

En vertu des pouvoirs qui nous ſont délégués par le Repréſentant du Peuple Député par la Convention Nationale dans le Département du Loiret & autres, enjoignons au Citoyen Simon Ducheſne, Curé de la Commune de Vitry, Diſtrict de Boiſ-commun,

1°. De faire tous les Dimanches à ſes paroiſſiens, & ce pendant la Meſſe qu'il célèbre, une exhortation civique ;

2°. D'appuyer ces exhortations des événemens principaux que le Génie de la Liberté a fait naître depuis quatre ans ;

3°. De tirer de la combinaiſon de ces événemens importans des conféquences que tendent à prouver que le ciel protège la cauſe de la Liberté & que le Peuple finira par jouir des bienfaits de la Révolution malgré les efforts de la malveillance.

4°. Le Citoyen Ducheſne remettra à la Municipalité de Vitry, ſous le délai de vingt-quatre heures, une copie de l'Inſtruction civique qu'il prononcera chaque dimanche, & la Municipalité, dans la huitaine, fera paſſer au Diſtrict, & le Diſtrict au Comité Révolutionnaire de Salut public du Département, ces pièces importantes qui deviendront le thermomètre de la deſtitution du Curé ou du patriotiſme qui lui conſervera ſa place.

G

(50)

5°. Chaque Dimanche, à l'issue de Vépres, le Curé enton-
nera & chantera avec ses paroissiens l'hymne Marseilloise.

" Le Curé de Nibelle, au lieu d'un Prône Civique, me
,, fit paffer une compilation de théologie fans méthode & fans
,, objet. Je lui fis voir de loin la Maifon d'arrêt, quatre jours
,, après il m'annonça fon mariage & la paix fut faite. ,,

Résumé.

" Ce que j'ai opéré, c'eft la réfurrection de l'efprit public
,, & feize Adreffes des Municipalités du Diftrict à la Con-
,, vention Nationale, pour la prier de refter à fon pofte. ,,

" Ce qui me refte à faire le voici : ,,

" 1°. Quelques Malveillans à comprimer encore ; ,,

" 2°. Des tranfpofitions indifpenfables de fujets dans l'Ad-
,, miniftration ; ,,

" 3°. Le projet de réunion de quelques Paroiffes ; ,,

" 4°. L'organifation d'une Caiffe de bienfaifance & d'un
,, Comité Révolutionnaire de furveillance ; ,,

" 5°. Un travail fur la Forêt, avec le Garde-marteau de
,, la divifion du milieu ; ,,

" 6°. Et enfin, toutes les réclamations qui m'ont été faifes à
,, communiquer aux Adminiftrations qui doivent en connoître,
,, & principalement au Comité Révolutionnaire & de Salut
,, public du Département. ,, (*On applaudit.*)

Le Repréfentant du Peuple a été très-content du rapport
du Cioyen Plinguet, mais après lui avoir témoigné fa fatif-
faction, il lui a dit : « Je vais être votre partie adverfe, parce
» que j'ai reçu des plaintes contre vous. »

« On vous accufe d'avoir taxé injuftement le Citoyen Jullien,
» Commiffaire national du Diftrict de Boifcommun ; il ne le mé-
» ritoit pas, puifqu'il eft Patriote, & qu'enfin la Convention Na-

» tionale, par un décret tout récemment rendu, a déclaré que
» Jullien fils avoit bien mérité de la Patrie. Juftifiez-vous. »

Plinguet. « Citoyen Repréfentant, les vertus font perfonnelles;
» il m'a été porté des plaintes bien graves contre Jullien pere ;
» le Procès-Verbal de ma Séance publique configne des faits
» d'une importance majeure , & je me charge d'appuyer ma
» conduite à cet égard du fuffrage unanime du Peuple. »

Le Repréfentant. « Aviez-vous connoiffance du décret de
» la Convention Nationale qui déclare que Jullien fils a bien
» mérité de la Patrie? »

Plinguet déclare que non.

Le Repréfentant du Peuple, inftruit que la femme Jullien
étoit dans la Salle, l'invite à fe préfenter au Bureau & lui
accorde la parole.

La femme Jullien ne pouvant s'expliquer hautement & ayant
mis par écrit la juftification de fon mari, le Repréfentant invite Rouffeau à la lire. Elle étoit conçue en ces termes :

Le Citoyen François-Remi-Jullien mon mari s'eft montré
bon Citoyen depuis le commencement de la Révolution. A l'époque
de l'organifation du nouvel ordre judiciaire , il a été nommé
Suppléant du Tribunal du Diftrict de Boifcommun ; fix mois
après il a été nommé Juge ; & enfin en fon abfence, pendant
fa réfidence à Orléans pour exercer les Fonctions de Juge au
Tribunal criminel, le Citoyen Jullien a été nommé à l'unani-
mité Commiffaire National dans le même Tribunal de Boif-
commun, depuis la proclamation de la République.

Ces témoignages fucceffifs de confiance de la part de fes Con-
citoyens, font une preuve du civifme du mon mari, & répon-
dent d'une manière péremptoire aux fauffes imputations dont
quelques malveillans l'ont chargé auprès du Citoyen Plinguet,
Délégué du Repréfentant du Peuple.

Son exemple & ses leçons ont décidé le Citoyen Jullien-de-Lile son fils à marcher constamment dans la carrière du Patriotisme. Il vient de mourir dans un poste honorable, victime de son zèle & du travail le plus assidu. Il étoit Payeur général de la Trésorerie Nationale. La Convention Nationale vient d'honorer sa mémoire par un Décret qui déclare qu'il a bien mérité de la Patrie, & qui accorde une gratification de dix mille livres à sa femme & à ses enfans.

Enfin, Citoyen Représentant, mon mari est, j'ose le dire, avantageusement connu de plusieurs Députés Montagnards. Le Patriotisme d'un tel Citoyen peut-il être justement suspecté ?

Le Représentant. « Citoyen Délégué, la Convention Natio-
» nale ne peut être en contradiction avec elle-même. Je crois
» que, pour votre propre gloire & pour la mienne, je dois
» révoquer ce que vous avez fait contre le Citoyen Jullien
» père ; en conséquence, en vertu des pouvoirs illimités dont je
» suis investi par la Convention Nationale, j'annulle la taxe
» révolutionnaire faite par mon Délégué Plinguet, & je réin-
» tègre le Citoyen Jullien dans ses fonctions de Commissaire
» National près le Tribunal du District de Boiscommun. » (*On
applaudit.*)

Le Représentant. « Citoyen Délégué, on vous accuse encore
» d'avoir jetté du discrédit sur les Assignats en exigeant de
» préférence de l'argent pour le paiement des taxes révolu-
» tionnaires, & d'avoir taxé Brossard à 4,000 liv. payables
» en argent. »

Plinguet se justifie pleinement de cette inculpation, en di-
sant qu'étant informé que les aristocrates avoient de l'or & de
l'argent monnoyé, il n'avoit eu d'autre but que de faire dis-
paroître ce métal de la circulation, pour éviter que la malveillance en fît un mauvais usage.

(53)

Le Repréfentant. « Citoyen Délégué , l'explication que vous
» venez de donner détruit le reproche qui vous a été fait.
» Vous avez traité Broffard en Marquis ; Broffard eft riche ,
» vous avez bien fait. » (*Applaudiffemens.*)

Le Repréfentant. « On vous reproche autre chofe , c'eft
» d'avoir deftitué un Curé & de l'avoir remplacé par un de
,, vos parens le Citoyen Lacourcelle. ,,

Plinguet « Je n'ai point vu mon parent dans la perfonne
» de Lacourcelle, parce que je ne fais point de diftinction entre
,, hommes qui font tous unis maintenant par les liens délicieux
,, de la Fraternité. Je n'ai point vu dans Lacourcelle un Curé
,, affermenté , mais un Curé révolutionnaire propre à électrifer
,, les ames les plus froides ; j'ai vu enfin un Patriote pur &
,, digne de propager l'efprit Républicain. Il en a donné plu-
,, fieurs preuves aux Sociétés Populaires d'Orléans & de Boif-
,, commun. D'ailleurs, j'obferve que Lacourcelle m'a été de-
,, mandé pour cette Cure d'une voix unanime. ,,

A l'appui de fa juftification il fait donner lecture d'un
extrait des délibérations de la Société Populaire qui confirme
ce qu'il a avancé.

Le Repréfentant approuvant la conduite de fon Délégué,
fanctionne la nomination du Citoyen Lacourcelle & dit au
Citoyen Plinguet : « C'eft avec plaifir que je reconnois que
» vous avez juftifié la confiance que j'ai eu en vous, & que
» vous avez bien rempli votre miffion , à l'exception d'une lé-
» gère faute involontaire que vous avez commife & que je
» viens de réparer publiquement ; ainfi donc j'interpelle le Peuple
» de déclarer fi vous avez fa confiance. » Un *Oui* général s'eft
fait entendre.

Jarente demande & obtient la parole , & déclare comme
un des plus mauvais Citoyens Brunet, Juge de Paix de Lorris,
& demande s'il eft en place.

Plinguet obferve qu'il eft deftitué & qu'il eft en fuite.

Le Repréfentant paffe à la reddition du compte de Goulu-Pryvé, Commiffaire nommé pour le Diftrict de Baugenci.

Goulu prend la parole & divife fon compte en trois chapitres.
Le premier, *Bienfaifance*;
Le deuxième, *Mefure de sûreté*;
Le troifième, *Efprit Public*.

Après un long rapport verbal, le Repréfentant déclare à Goulu qu'il na pas bien rempli fa miffion & lui fait les reproches fuivans :

1°. De ne pas avoir deftitué & mis en état d'arreftation le Maire de Meung, qui a eu l'impudence de demander l'arreftation d'un Citoyen qui le dénonçoit.

2°. D'avoir eu la molleffe de ne point deftituer un Curé fous prétexte que la tranquillité de Beaugenci étoit menacée, comme fi le Peuple qui n'eft plus fuperfticieux pouvoit fe battre pour un mauvais prêtre.

3°. D'avoir deftitué des ariftocrates pour les remplacer par des ariftocrates.

4°. D'avoir taxé arbitrairement quantité de Citoyens au-deffus de leurs facultés; & pour ce le Repréfentant du Peuple annonce qu'il a donné des pouvoirs à un Citoyen chargé de faire droit aux différentes réclamations qui lui ont été faites.

5°. D'avoir outre-paffé fes pouvoirs en portant fes regards fur la troupe de ligne & allant opérer dans le Diftrict de Mer en qualité de Délégué du Repréfentant.

6°. D'avoir pris la qualité de Repréfentant du Peuple, reproche dont Goulu s'eft juftifié, en offrant de porter fa tête fur l'échafaud.

7°. D'avoir affecté un luxe infolent, & fur-tout à fa table. Goulu dit que fa table a été très-fobre.

Le Repréfentant demande enfuite à Goulu à quelle fomme montent les taxes révolutionnaires qu'il a faites?

Goulu répond que fa collecte monte à 100,000 livres.

Le Repréfentant. « Quel emploi avez-vous fait de cette » fomme ? »

Goulu. « Aucun. »

Le Repréfentant. « Où font les pièces juftificatives de votre » conduite ? »

Goulu répond qu'il a dépofé le tout au Comité Révolution-naire.

Le Repréfentant lui obferve que c'étoit à lui qu'il devoit les dépofer puifqu'il tenoit fes pouvoirs de lui feul , & lui dit : « Citoyen Délégué , je ne mettrai pas aux voix fi votre miffion » a été bien remplie ; je craindrois d'humilier trop votre amour » propre ; cependant vos fautes font réparables , & j'en arrêterai » les progrès. Je me réferve de prononcer fur votre compte, » & je vous retire dès ce moment les pouvoirs que je vous » ai donnés. »

Goulu obferve qu'il n'a rien fait par lui-même , qu'il s'eft entouré de Patriotes, qu'il auroit voulu mieux faire , & qu'il n'a pu.

Aignan demande la parole & dit : « Le Repréfentant du Peuple » vient d'arrêter l'impreffion du rapport du Citoyen Parmentier. » Ce Citoyen a oublié de faire lecture d'une pièce impor-» tante & qui m'eft parvenue. Je vais en donner lecture. » Il lit cette pièce conçue en ces termes :

EXTRAIT du Regiftre des Séances de la Société - Populaire de Pithiviers, du 27 Septembre 1793, l'an 2ᵐᵉ. de la Répu-blique une & indivifible.

La Société Républicaine & de la Montagne féante à Pithi-viers, qui a eu l'avantage de poffeder dans fon fein le Sans-

Culotte Parmentier, Délégué du Repréfentant du Peuple dans le Département du Loiret, attefte à tous les hommes libres, que Parmentier eft un vrai Républicain , qu'il a rempli avec zèle & fermeté la miffion importante du renouvellement des Autorités conftituées, qui lui a été confiée par le Repréfentant du Peuple; qu'il a deftitué les Fonctionnaires perfides ou ignorans, pour les remplacer par des Patriotes reconnus; qu'il a impofé aux Riches des taxes révolutionnaires pour le foulagement des Pauvres; qu'il a manifefté, par fa conduite, une haine implacable aux rois, aux méchans prêtres, aux ariftocrates, aux fédéraliftes & à tous ceux qui ne veulent pas l'unité & l'indivifibilité de la République ; qu'il a fait renfermer les gens fufpects, en un mot, qu'il emporte les regrets & la reconnoiffance de la Société & de tous les bons citoyens.

A ce jufte témoignage, la Société joint un diplôme pour lui fervir de titre d'admiffion dans toutes celles qui profeffent les mêmes principes.

Signé. Thibaut, *Préfident.* Marchand fils & Dufrène, *Secrétaires.*

Lecture faite de cette Délibération, le Repréfentant invite le Citoyen Aignan à donner lecture de la Délibération fuivante, en obfervant qu'elle lui été apportée par une Députation.

Aignan lit la pièce dont il s'agit, conçue en ces termes :

EXTRAIT du Regiftre des Délibérations de la Société-Républicaine & des Sans-Culottes de la Montagne de la ville de Neuville. Du Vendredi 12 *Octobre* 1793, *l'an* 2me. *de la République une & indivifible.*

Sur la propofition de deux membres, accueillie d'abord par acclamation, après avoir mûrement délibéré, il a été arrêté à l'unanimité qu'il feroit nommé quatre Commiffaires, dont deux pris dans le fein du Peuple, & deux dans celui de la Société.

Sur

Sur l'invitation faite au Citoyen Defnoyers, préfident provifoire, de nommer ces Commiffaires, il a défigné pour le Peuple
les Citoyens Affelineau & Paquet fils aîné, & pour la Société
Populaire, les Citoyens Brocat & Bordier, auxquels il a été
adjoint, par une acclamation générale, les Citoyens qui ont
fait la propofition à l'effet de rédiger, dans le plus court délai,
une adreffe au Citoyen Repréfentant du Peuple Laplanche,
pour obtenir qu'il renvoie le plutôt poffible le Citoyen Parmentier, fon Délégué dans ce Diftrict, pour y terminer les
opérations qu'il y a commencées à la fatisfaction univerfelle.

Vu l'urgence, la Société a déclaré s'en rapporter entièrement
aux fentimens & au zèle de fes Commiffaires. Elle les a autorifés
à arrêter définitivement ladite Adreffe, & à choifir deux d'entre
eux, auxquels l'extrait du préfent Procès - Verbal ferviroit de
Pouvoirs, pour porter au Citoyen Laplanche le vœu qui venoit d'être exprimé & auquel la Société Républicaine croit qu'eft
attaché le bien du Diftrict & de la chofe publique. Ces derniers Commiffaires font les Citoyens Nogaret & Clottereau, lefquels font chargés de fe rendre au plutôt à Orléans près le
Repréfentant du Peuple, & d'y refter jufqu'à ce qu'ils en aient
obtenu une réponfe.

Pour Extrait, Signé. *B R O U E T*, *Préfident provifoire;*
B O R D I E R, *Secrétaire provifoire.*

*ADRESSE de la Société-Populaire & des Sans-Culottes de
la Montagne de la ville de Neuville,*

*Au Citoyen LAPLANCHE, Repréfentant du Peuple dans le
Département du Loiret :*

      CITOYEN REPRÉSENTANT,

Le Peuple & la Société Républicaine & des Sans-culottes
de la Montagne de Neuville, touchés de la conduite du Citoyen Parmentier, votre Délégué pour ce Diftrict; de la fageffe

H

& de l'efprit de juftice qui ont dirigé jufquà préfent toutes fes démarches ; après avoir député vers lui pour lui en témoigner leur fenfibilité, ainfi qu'il a dû vous en juftifier, croient qu'il importe effentiellement au bien de ce Diftrict de s'adreffer à vous pour vous inviter à lui renvoyer le Citoyen Parmentier, toujours invefti de votre confiance & de vos pouvoirs, pour achever ce qu'il fi heureufement commencé. Le Peuple, toutes les Autorités conftituées fondues en ce moment dans la Société Populaire, forment le même vœu. Entendez-les, Citoyen Repréfentant, & que bientôt toutes ces Autorités conftituées raffifes fur leur bafes puiffent à l'envi concourir aux mefures que follicitent les circonftances & qui doivent affurer le Salut de la République une & indivifible. L'inaction, Citoyen, eft un état de mort. Hâtez-vous de fortifier dans ce Diftrict le mouvement politique & révolutionnaire qu'y a fi heureufement donné le Citoyen Parmentier. Renvoyez-le-nous, & en retour, comptez fur la reconnoiffance de tous les Sans-Culottes du Diftrict de Neuville.

Les Commiffaires de la Société des Sans-Culottes de la Montagne de Neuville.

Signé. BORDIER, CLOTTEREAU, NOGARET, TAFFOUREAU, BADINIER.

Les Commiffaires nommés pour le Peuple, par la même Société hors de fon fein. *Signé* ASSELINEAU, PASQUIER.

Le Repréfentant du Peuple paffe au compte du Citoyen Rouffeau, Délégué pour le Diftrict de Gier.

Le Citoyen Rouffeau, après avoir obtenu la parole, obferve d'abord que les opérations importantes dont l'a chargé le Repréfentant du Peuple, démontrent toute l'étendue de la confiance dont il l'a honoré.

De fuite il rappelle le début de fa miffion. " Si, ajoute-t-il, „ le cœur des ariftocrates n'eft pas pour la République, leur

„ tête fera pour la guillotine & leur bourfe pour pourvoir
„ aux befoins & au foulagement des Malheureureux. „

Ce début fimple, mais énergique, a été univerfellement
applaudi. Delà, le Citoyen Roufleau a pris occafion pour
rendre compte de fes opérations relatives à la taxe révolutionnaire ; alors il a divifé fon travail, & a dit : "Voici 1°. la
„ manière dont elle a été impofée. „

" Un Comité de Sans-Culottes a été nommé dans chaque
„ Chef-lieu de Canton, formé des Députés à la Fête de la
„ Réunion, du Maire, de deux Officiers Municipaux, de deux
„ Membres du Confeil-général, enfin de quatre Sans-Culottes
„ tous plus enragés Patriotes les uns que les autres.

" La taxe faite, le Rôle a été rendu exécutoire par la
„ Municipalité, le Comité, enfin le Délégué qui lui-même y
„ a appofé fa fignature ; „

2°. Le Citoyen Roufleau s'eft fait à lui-même cette queftion :
„ Quel a été l'ufage de la taxe ? „

" Le foulagement, a-t-il répondu, des malheureux de toutes
„ les claffes & particulièrement des Pauvres honteux auxquels
„ il a été diftribué des fecours de manière à ne pas bleffer
„ leur délicateffe. „

„ Les pères, les mères, parens des Défenfeurs de la Patrie
„ n'ont fans doute pas été oubliés ; les Défenfeurs de la Patrie
„ eux-mêmes ont dû recevoir des Secours que le Comité de
„ bienfaifance étoit chargé de leur faire parvenir fur la taxe
„ révolutionnaire. „

" Sur cette même taxe des données publiques ont été exé-
„ cutées, & cet hiver il fera diftribué du pain aux indigens :
„ réquifition à cet égard a été faite par le Délégué aux
„ divers Comités de bienfaifance. »

" Le Receveur de la Municipalité du Chef-lieu de Canton

(60)

,, a été chargé du Dépôt , fauf à en rendre compte exact
,, à la première réquifition. ,,

Ces développemens terminés , le Peuple applaudit à plufieurs reprifes.

Le Citoyen Rouſſeau annonce qu'il va rendre compte des
arreſtations qu'il a ordonnées au nom de la Loi & d'après le
vœu du Peuple Souverain.

Il obſerve ici , " Je dis le vœu du Peuple , car c'eſt lui
,, qui a prononcé toutes les arreſtations, & les Procès-Verbaux
,, dépoſés dans les mains du Repréſentant du Peuple démontrent
,, cette vérité. ,,

Là il peint la noirceur & le caractère de quatre perſonnes
plus que fuſpectes.

Deux monſtres femelles ont été arrêtés, la Couët & la
Danglar.

La maiſon de la première étoit le foyer de la contre-
révolution ; la correſpondance de la feconde eſt la preuve de
fon ariſtocratie & de ſes intrigues.

Il rappelle enſuite les ſentimens de deux fléaux de la République , le Prêtre Maujon , réfractaire , caché depuis deux ans
& qui donnoit à Gien le ſignal du fanatiſme & de la contre-
révolution , en fonnant ſa meſſe d'une manière extraordinaire :
le Curé de Saint Briſſon , dénoncé par-tout ſon canton pour
avoir , lors des dernières Aſſemblées Primaires , demandé
deux Chambres.

Le Délégué vouloit continuer , & le Repréſentant du
Peuple l'engage à paſſer à un autre article pour ménager les
inſtans.

L'article des Subſiſtances devant être à l'ordre du jour
après les comptes à rendre par les Délégués , le Citoyen
Rouſſeau parle des Adminiſtrations : ici il fait l'éloge du Directoire du Diſtrict de Gien , & en particulier du Citoyen

Mouroux, Procureur-Syndic. Les Municipalités du District en général font bonnes , & plusieurs présentent le spectacle des vertus les plus pures. Le Receveur de ce District , le Citoyen Devade , ayant avec zèle & d'une manière désintéressée, servi de Secrétaire au Citoyen Rousseau pendant tout le cours de sa mission , obtient au Procès-verbal la mention honorable, les applaudissemens du Peuple & l'estime du Représentant.

Le Délégué dénonce ensuite les manœuvres aristocratiques des intrigans dans la ville d'Orléans , qui se servent d'agens subalternes pour distribuer aux Soldats de fausses routes & les détourner de leur destination ; il recommande au nom de l'intérêt national, la poursuite de ce délit au Commissaire des Guerres.

La réunion des jeunes Citoyens de la première Réquisition dans la ville de Gien , présente au Délégué l'occasion de rendre compte de la manière dont il a , concurremment avec l'Administration du District , improvisé en quelque sorte de casernes : il dit que « ne pouvant faire autrement, il s'est trouvé » dans la nécessité de mettre en réquisition tous les lits & » matelats des châteaux environnans & inhabités. » Cette mesure a été applaudie du Représentant du Peuple.

« Les François , ajoute le Délégué , se lèvent par-tout en » masse pour anéantir les tyrans ; j'ai cru qu'il étoit de mon » devoir de combattre le fanatisme & de monter les têtes à la » hauteur de la Révolution ; à cet effet, j'ai démontré que les » Prêtres ne seroient Citoyens que quand ils auroient contracté » les doux liens de l'hymen. »

« Pour former enfin l'opinion publique , j'ai établi des Sociétés » patriotiques dans les Communes les plus peuplées , & j'ai » fait disposer à chacune d'elles un local convenable , sur les » fonds de la taxe révolutionnaire. A Chatillon-sur-Loire en » particulier , composée environ par moitié de protestans & de

(62)

» catholiques, j'ai ordonné , conformément au mandat impé-
» ratif qui m'étoit remis ; que les deux cultes se célébraſſent
» dans la même Egliſe , attendu que les Egliſes étant des
» biens nationaux ils appartiennent à tous les Citoyens. » Le
Peuple applaudit à cette meſure.

De ſuite il expoſe qu'il a exploité révolutionnairement les
tréſors des riches ariſtocrates, que l'état en eſt dépoſé entre
les mains du Repréſentant, & que l'or, l'argent monnoyé &
l'argenterie ont été remis entre les mains des Membres du
Comité Révolutionnaire du Département du Loiret. (*Le Peuple
applaudit.*)

Le ſilence rétabli, le Délégué termine ſon rapport en diſant :
» J'ai fait mon devoir ; je ne redoute point les lâches pour-
» ſuites de la calomnie , mais conſtant dans les principes,
» Montagnard du Repréſentant dont je ſuis le Délégué, j'attends
» avec calme les traits de mes ennemis & le jugement du
» Peuple. (*On applaudit à pluſieurs repriſes.*)

Le Repréſentant du Peuple dit :

CITOYEN DÉLÉGUÉ,

« Votre rapport n'a qu'un ſeul défaut, c'eſt que vous n'y
» avez pas mis la gravité dont il eſt ſuſceptible ; ſi je vous l'ai
» permis, c'étoit pour le Peuple. Il me reſte à dire au Peuple
» un fait qui eſt à votre avantage. C'eſt que j'ai reçu des
» lettres des différentes Communes du Diſtrict que vous avez
» parcouru & qui m'ont félicité ſur le choix que j'ai fait de
» votre perſonne en qualité de Délégué. Cette liaſſe qui eſt
» dans mes mains renferme le témoignage le plus avantageux
» de votre miſſion. Si je ne craignois bleſſer votre modeſtie ,
» j'en donnerois lecture au Peuple. Je n'ai pas beſoin de mettre
» aux voix ſi vous avez la confiance du Peuple; recueillez le

» juſte tribut d'éloges dû à votre zèle & à votre énergie,
» ainſi que l'approbation du Repréſentant. »

Rouſſeau dit : « Citoyen, je ne dirai qu'un mot, c'eſt que
» je ferai toujours mon poſſible pour faire mon devoir. ».

Le Repréſentant du Peuple. « Le Procureur-Général-Syndic
» de ce Département me fait obſerver qu'il y a quantité de
» places vacantes dans l'Adminiſtration du Département par
» démiſſion ; je vais nommer à une, attendu que je n'ai pas
» de renſeignemens ſuffiſans pour nommer les quatre autres.
» Je m'empreſſe de ſaiſir l'occaſion de donner à un Citoyen
» victime d'une ſcélérateſſe abominable & ſans exemple, un
» foible dédommagement de ce qu'il a ſouffert, enfin je nomme
» à la place du Citoyen Guerton le Citoyen Hubert-Piédor,
» Commiſſionnaire à Meung, & je l'invite de nouveau à oublier
mon erreur. » (*Des vifs applaudiſſemens retentiſſent dans la
ſalle.*)

Le Repréſentant demande enſuite s'il y a dans la Salle un
Membre du Comité de Bienfaiſance, & perſonne ne prend la
parole.

Le Repréſentant témoigne ſon mécontentement, attendu que
ce Comité avoit reçu l'ordre de donner un plan de travail
pour la diſtribution des 50,000 livres ; il aſſure au Peuple que
cette erreur ne lui cauſera qu'un jour de retard, & qu'elle
aura lieu Mercredi.

Il invite le Comité des Subſiſtances à faire le rapport du
travail dont il l'a chargé hier.

Un Membre prend la parole & dit :

CITOYEN REPRÉSENTANT,

« Depuis l'époque de la taxation des grains dans nos murs,
» la cupidité des propriétaires de grains a ſuſpendu tout-à-coup
» l'approviſionnement du Marché. Le Conſeil général de la

» Commune, par une fatalité inexplicable , s'eſt trouvé ſeul
» chargé d'approviſionner les boulangers d'Orléans & par con-
» ſéquent , toutes les Communes environnantes , puiſqu'elles
» venoient enlever le pain chez nos boulangers. Le Conſeil
» ne peut ſe diſpenſer auſſi d'approviſionner le marché en grains,
» afin que les habitans de la campagne qui ne pouvóient à
» chaque jour venir chercher du pain à Orléans , trouvaſſent
» au moins une certaine meſure de grains pour l'approviſion-
» nement hebdomadaire de leur famille. »

» Cette Adminiſtration ſoutenue pendant le cours de trois
» mois au travers de toutes les difficultés & de ſacrifices énormes ,
» ne pouvoit plus ſe ſoutenir faute de pouvoirs. Vous l'avez
» ſenti, Citoyen Répréſentant , & vous avez inveſti d'un
» pouvoir révolutionnaire le Conſeil Général de la Commune,
» juſqu'à ce que les Autorités ſupérieures une fois régénérées
» puſſent partager une Adminiſtration que leurs prédéceſſeurs
» avoient criminellement abandonnée à la Municipalité ſeule. »

« Du concours des trois Autorités conſtituées a réſulté un
» Comité Central de Subſiſtances. Son organiſation date du
» dix-huit du premier mois de la préſente année. Il s'empreſſe
» de vous rendre compte de ſes opérations, pour ſoumettre
» enſuite ſes vues & projets ultérieurs à votre ſageſſe. »

« Sa première opération a été d'écrire à tous les Commiſſaires
» envoyés dans les différens Diſtricts pour requérir les Fermiers
» de livrer à Orléans une certaine quantité de grains par
» charrue. L'objet de cette lettre étoit d'établir entr'eux &
» le Comité Central une correſpondance ſuivie qui mît celui-
» ci à portée de comparer les réquiſitions & les réſultats , ainſi
» que les beſoins & les reſſources. »

» Cette correſpondance nous a convaincus que ſi nos Con-
» citoyens peuvent être aſſurés de leur ſubſiſtance d'ici à trois
» mois ou quatre tout au plus, il n'en eſt pas moins vrais que

notre

» notre fubfiftance ultérieure feroit compromife, & que nous
» ferons,à l'expiration de ce délai,expofés à une difette véritable ,
» fi le Miniftre de l'Intérieur ne s'empreffe d'opérer les ver-
» femens d'Eure & Loir dans le Département du Loiret , en
» exécution de la Loi du.... »

« La première conféquence que préfente ce réfultat eft que
» le Miniftre de l'Intérieur, pour éviter des viremens dif-
» pendieux & fuperflus , doit s'abftenir de faire au Département
» du Loiret des réquifitions quelconques , qu'il fera obligé
» enfuite de remplacer. L'Adminiftration du Département
» donnera la preuve de la vérité de cette obfervation , en
» préfentant fous peu de jours le recenfement général du Dé-
» partement tout entier. »

« Perfuadés au refte que le gouvernement pourvoira à nos
» befoins, nous avons cru devoir nous occuper des moyens de
» tirer le meilleur parti poffible des reffources que nous
» préfente notre propre Sol. »

« Le premier moyen eft d'affurer , par la permanence de nos
» Commiffaires dans les Diftricts , la circulation fuivie des Grains
» que nous requerrons , de manière-à obtenir par décade la
» quantité de Grains néceffaire à la fubfiftance du Diftrict
» pendant cet efpace de temps. Cette quantité eft de quinze
» cents muids. La miffion de ces Commiffaires doit être folem-
» nélle , & confirmée par des pouvoirs en bonne forme, revêtus
» des *Vifa* & Sceaux des trois Autorités conftituées , & fur-
» tout du Comité révolutionnaire de Surveillance d'Orléans.
» La force armée doit les accompagner en nombre fuffifant
» pour impofer le refpect dû à la Loi, au nom de laquelle ils
» agiffent, fans infpirer la terreur. Et comme les Commiffaires
» ne peuvent être dans une permanence immobile , il feroit à
» fouhaiter qu'un nombre de furnuméraires de bonne volonté,
» pris dans la Société populaire, fuffent toujours prêts à rem-

I

» placer ceux de nos Commiſſaires permanens que leurs
» affaires appelleroient à Orléans. La Société ſera priée de
,, donner au Comité central de Subſiſtances une liſte de
,, Citoyens propres à remplir cette miſſion délicate. ,,

" Il reſte un grand moyen pour aſſurer l'effet des réqui-
,, ſitions ; ce ſeroit de donner aux Cultivateurs des apôtres
,, du déſintéreſſement patriotique & de la fraternité. Les Curés
,, devroient être ces apôtres ; pluſieurs le ſeront , & peut-
,, être tous lorſqu'ils ſauront que nos Commiſſaires les ſurveil-
,, leront, tout prêts à les dénoncer s'ils négligent ce devoir
,, important. ,,

" L'ordre dans la diſtribution des Grains , lorſqu'une fois ils
,, auront été dépoſés dans les greniers de l'Adminiſtration des
,, Subſiſtances, a été la ſeconde meſure dont nous avons cru
,, devoir nous occuper. ,,

" Le Grain ne doit être délivré aux Boulangers d'Orléans
,, que réduit en farines. Le Conſeil Général de la Commune
,, ſurveillera cette partie de l'adminiſtration. Le Grain ſera
,, donné en nature ſur le marché à tous nos Frères des Com-
,, munes environnantes ; mais cette diſtribution exige un
,, préalable. C'eſt le recenſement général ſait par viſite domi-
,. ciliaire chez les habitans même du vignoble. Car nous ſommes
,, obligés de déclarer que la crainte de la diſette a accumulé
,, des proviſions chez un grand nombre des habitans des
,, campagnes. Le Grain ſur le marché ne ſeroit délivré que
,, ſur le vu d'un certificat des Municipalités , portant la quo-
,, tité des beſoins hebdomadaires de celui qui réclame du
,, Grain. ,,

" Sans pouvoir aſſurer que quelques Boulangers, par cupi-
,, dité ou par d'autres motifs , exagèrent & peut-être réaliſent
,, la diſette factice que nous éprouvons , nous croyons qu'il
,, ſeroit utile de faire cuire du pain dans les fours du Cal-

„ vaire & autres pour suppléer à l'infuffifance des cuites que
„ font les Boulangers d'Orléans. Il en réfulteroit d'ailleurs une
„ émulation entre les Boulangers & les Agens du Confeil de
„ la Commune, qui tourneroit au profit de nos Concitoyens. „
" Nous croyons qu'il feroit utile de faciliter le projet que
» grand nombre de nos Concitoyens ont conçu de faire cuire
» chez eux ou dans un four public, à leurs frais; pour celà le
» Confeil de la Commune délivreroit aux chefs de famille une
» provifion hebdomadaire fur le vu d'un certificat de leurs Sec-
» tions refpectives conftatant la quotité de leurs befoins. »

« Le Confeil Général de la Commune a cru devoir arrêter
» que les Boulangers n'enverroit plus le pain chez les Citoyens:
» cette mefure, néceffaire peut-être dans les circonftances où
» elle a été prife, nous paroît dans ce moment-ci produire un
» effet défaftreux. Tous les Citoyens fe portent en foule à
» la boutique des Boulangers, fe preffent, fe heurtent, perdent
» leur temps, & répandent l'allarme dans toute la ville. Il feroit
» à défirer que l'ufage ancien de porter le pain fe rétablît,
» fauf par la police à veiller à ce que le Boulanger chargé de
» pain n'éprouve aucune violence. »

« Tel eft, Citoyen Repréfentant, le plan général du Comité
» central des Subfiftances d'Orléans; il vous a épargné les
» mefures partielles qu'il projette de prendre pour affurer de
» plus en plus la Subfiftance de fes Concitoyens, & ramener
» la confiance générale fur un objet fi important à la tranquil-
» lité publique. Il invite tous fes Concitoyens à lui faire paffer
» par écrit les pétitions & renfeignemens qui peuvent l'éclairer
„ fur fes devoirs & fes travaux. »

« Mourir à fon pofte plutôt que de laiffer fes Concitoyens
» fouffrir de la difette, c'eft le vœu & le ferment que le
» Comité me charge d'émettre en fon nom & de dépofer entre
» vos mains, Citoyen Repréfentant. »

I 2

Lecture faite du Rapport , le Repréfentant demande à l'Orateur fi le Comité a pris un Arrêté conforme au plan qu'il propofe.

L'Orateur obferve que le Comité attend fon affentiment.

Le Repréfentant approuve ce travail, attendu qu'il ne peut que propager la tranquillité dans Orléans ; il invite le Comité à 'prèndre des mefures pour que fon travail reçoive fon exécution dès demain ; il fait part enfuite de fon projet pour éviter l'affluance des Citoyens à la porte des Boulangers , & calmer les inquiétudes du Peuple.

Le Citoyen Laplanche dit : « Les opérations du. Repré- » fentant du Peuple font toujours publiques parce qu'il ne » craint rien : je vais vous faire donner lecture d'un. Arrêté » pris par le Directoire du Département relativement à *Taboureau-* » *Montigny* , auquel je donne mon adhéfion.

Rouffeau lit l'Arrêté conçu en ces termes :

EXTRAIT du Regiftre des Délibérations du Directoire du Département du Loiret. Séance du 14 *octobre* 1793, *l'an* 2me. *de la République Françoife.*

Un membre a annoncé qu'il y avoit des mouvemens dans la ville, relativement à Martin Bigot, & à Moulinot, fon agent; que ces mouvemens avoient commencé à fe manifefter fur la fection de la Loi, qu'ils avoient pour motifs apparens les fub. fiftances, mais qu'on ne pouvoit pas fe diffimuler qu'il n'y eût de la malveillance contre les Adminiftrations ; qu'à peine régénérés par le Repréfentant du Peuple, le Citoyen *Taboureaù,* par une diatribe lue à la Société Populaire , avoit cherché à jetter de la défaveur fur les Adminiftrateurs & fur la Repréfentation Nationale, en attribuant à un mauvais entourage les choix faits par le Repréfentant , & confirmés par le Peuple d'une manière non équivoque.

Que ce même Citoyen s'étoit permis de faire paffer au ci-
devant marquis de la Tour-du-Pin, détenu dans la maifon des
Minimes comme noble fufpect dénoncé par fa Commune,
une pétition pour le comité de Salut public de la Convention,
dans laquelle il a infinué que le Comité de furveillance d'Orléans n'ofe pas prononcer fa liberté pour ne pas fe compro-
mettre avec le Repréfentant du Peuple; comme fi le Comité
pouvoit compofer avec la Loi qui ordonne l'arreftation des Nobles
fufpects, dont le Citoyen *Taboureau* fe déclare par fa Lettre
le défenfeur officieux, tandis qu'il n'eft pas queftion de pro-
cédure, mais d'une mefure de sûreté générale contre laquelle
il n'y a pas de défenfeur officieux.

Ouï le Procureur-général-Syndic :

Le Directoire confidérant que le Repréfentant du Peuple
ayant rendu la liberté à Martin Bigot, il paroiffoit étonnant
qu'on menaçât ce Citoyen, agent du Miniftre de la Marine, &
réclamé par celui de l'Intérieur;

Confidérant que dans différentes occafions le Citoyen
Taboureau a fait des motions relatives aux Subfiftances, que
fes projets, toujours difficiles dans l'exécution, ne tendoient
qu'à allarmer le Peuple, & l'animer contre les Adminiftrations
& leurs agens, dont l'occupation conftante eft de procurer les
Subfiftances néceffaires à leurs Concitoyens;

Confidérant qu'en fe conftituant le défenfeur officieux d'un
ci-devant noble détenu dans la maifon d'arrêt comme fufpect, le Citoyen *Taboureau* s'eft immifcé dans des fonctions
abfolument inutiles puifque l'arreftation eft prefcrite par les Loix
contre cette cafte dangereufe;

Confidérant que la Pétition envoyée à ce ci-devant noble, ref-
femble plus à une dénonciation qu'à une défenfe officieufe;

Confidérant enfin que la malveillance, dont les fubfiftances
font le prétexte, fe manifefte depuis quelques jours d'une ma-

nière inquiétante, & qu'il eſt temps de faire connoître au Peuple qu'il eſt trompé, & de l'éclairer ſur le compte de ceux qui, par des motions incendiaires, écartent les Subſiſtances en alarmant le Cultivateur ;

Eſt d'avis de faire mettre en arreſtation le Citoyen *Taboureau*, comme ſuſpect par ſes relations ſecrettes avec les ci - devant Nobles. & par ſes écrits ſur les Subſiſtances, pour être enſuite ordonné par le Repréſentant du Peuple ce qu'il jugera convenable pour la ſûreté de la ville d'Orléans.

Pour Extrait, *Signé* B I G N O N, *Secrétaire du Département du Loiret.*

Le Citoyen Laplanche. « Vous imaginez bien, Républicains, » que le Repréſentant du Peuple ne peut qu'approuver un » Arrêté pris par une Adminiſtration ſupérieure qui a peſé » dans ſa ſageſſe la Délibération qu'elle a priſe; il faut couper » le mal par la racine ; hé bien, je vous ſervirai malgré vous, » parce que je ne veux que votre bonheur & votre tranquillité, » & que je veux vous débarraſſer des Intrigans »

« Je viens d'envoyer à l'Abbaye à Paris le Citoyen *Taboureau - Montigny* ; j'annonce que le même ſort attend les » Intrigans qui lui reſſemblent ; j'ai fait appoſer les ſcellés » chez lui, & on y a trouvé trois malles de papiers qui » probablement renferment quelques renſeignemens ſur ſon » compte. »

« J'eſpère actuellement que la Ville ſera tranquille. »

La Séance eſt levée.

Les Corps conſtitués, Civils & Militaires, reconduiſent chez lui le Repréſentant du Peuple au ſon de la Muſique & des cris de *vive la République ! Vive la Montagne ! Vive Laplanche !*

Le Repréſentant du Peuple apperçoit Hubert-Piédor qu'il a proclamé Membre du Conſeil du Département, le décore de la médaille, & accompagné des Autorités énoncées ci-deſſus, va ſur la Place de la République & proclame le Citoyen Hubert-Piédor bon citoyen & bon fils, & lui décerne la couronne Civique. Il fait donner lecture du jugement qu'il a rendu dans ſa Séance d'hier contre le ſcélérat Trouſſeau-Laurent, qui ſciemment & méchamment à trompé la religion du Repréſentant du Peuple & a abuſé de ſa confiance pour faire incarcérer le vertueux Hubert-Piédor.

Les Autorités reconduiſent le Repréſentant chez lui, & toujours au ſon de la Muſique & des cris de *vive la Montagne !* *vive Laplanche !*

Le Citoyen Pignon, Commiſſaire Délégué dans le Diſtrict de Montargis, que ſes opérations & ſon éloignement n'ont pas permis de ſe rendre à l'invitation du Repréſentant du Peuple à l'effet de ſe trouver à la Séance pour rendre ſon compte en public, en a fait la narration au Repréſentant & enſuite à la Société Populaire, lequel étoit conçu en ces termes :

« Vous me demandez, Citoyen Repréſentant, compte de
» la conduite que j'ai tenue dans la miſſion que vous m'avez
» chargé de remplir à Montargis : le tableau ſuccint de mes
» opérations, que je vais vous mettre ſous les yeux ; les procès-
» verbaux dreſſés par les Corps Adminiſtratifs, par le Comité
» révolutionnaire, & par moi ; les deux Extraits de Délibé-
» rations du Conſeil général de la Commuue & de la Société
» Populaire de Montargis, que je remets entre vos mains,
» vous mettront à portée de connoître ſi j'étois digne de votre
» confiance & ſi je l'ai juſtifiée. »

« En arrivant à Montargis j'ai eu lieu de me convaincre
» que l'eſprit public n'étoit point à la hauteur de la révolu-

» tion ; que l'ariftocratie , l'égoïfme & le modérantifme y
» régnoient ; que les Autorités conftituées elles-mêmes en
» étoient entachées, puifqu'elles étoient reftées indifférentes fur
» l'exécution des Loix contre les accapareurs, contre le défar-
» mement & l'arreftation des Gens fufpects, des Nobles &
» parens d'Emigrés ; enfin fur toutes les grandes mefures révo-
» lutionnaires & de falut public que le danger de la Patrie
» commandoit impérieufement, & de l'exécution defquelles la
» Convention Nationale avoient fait un devoir aux Autorités
» conftituées. »

« Le foir de mon arrivée je me rendis à la Société Popu-
» laire où j'étois attendu; j'y fus reçu au milieu des acclama-
» tions & des cris *de vive la République !* Après avoir
» annoncé & parcouru les différens points de la miffion
» importante dont j'étois chargé, je promis de ne point fortir
» des murs de cette ville fans avoir remédié à tous les abus,
» tari la fource des maux fur lefquels les Patriotes avoient
» à gémir depuis long-temps, & rendu le peuple heureux. »

« Je prévins la Société que j'allois m'inveftir d'un Comité
» révolutionnaire, dont les lumières & les connoiffances locales
» ferviroient à me guider dans mes opérations ; que les Membres
» en feroient tous pris dans fon fein, afin qu'aucun foupçon
» d'incivifme ne flottât fur la tête de mes Collaborateurs. »

« J'annonçai en même-temps que pour affurer l'exécution des
» Arrêtés qui feroient pris par le Comité révolutionnaire,
» j'allois former une Compagnie révolutionnaire falariée aux
» dépens de ceux dont l'incivifme & le modérantifme rendoient
» cette création néceffaire. »

« Le comité dès l'inftant commença fes travaux, & dans
» vingt-quatre heures la Compagnie révolutionnaire fut com-
» pofée. J'établis en même temps une Compagnie de Batteurs
» Volontaires pour fuppléer au défaut de Batteurs en grange,

dont

» dont fe plaignoient les Cultivateurs & Propriétaires de
» grains. »

« Le lendemain de mon arrivée & jours fuivans, je tins
» des Affemblées générales dans lefquelles le Peuple lui-même
» paffa au creufet épuratoire les Membres des Autorités
» conftituées. Leur deftitution ou confirmation n'a été défini-
» tive qu'après que le Peuple lui-même l'a prononcée. »

« Le Directoire du Diftrict, quoique foible & fans énergie,
» a été confervé comme travailleur & patriote ; mais le
» Confeil étant compofé de Citoyens qui pour la plûpart
» affiftoient rarement aux Séances & ne s'étoient point affu-
» jettis à la Loi fur la permanence des Confeils généraux d'Ad-
» miniftration, le Peuple a voté la deftitution de cinq de fes
» Membres ; je les ai remplacés par cinq patriotes intelligens
» & très-actifs, qui vont donner à cette Adminiftration l'éner-
» gie qui lui manquoit. La Municipalité & toutes les Autorités
» conftituées de cette ville paffèrent fucceffivement par le
» creufet de l'opinion publique. Le Maire, deux Officiers
» Municipaux, un Notable, deux Membres du Bureau de
» Conciliation, ont été déclarés folemnellement avoir perdu la
» confiance du Peuple ; ils ont été deftitués & remplacés auffi-
» tôt par de bons Républicains. »

« Je m'occupai enfuite du défarmement & de l'arreftation
» des Gens fufpects ; foixante-onze perfonnes fe trouvent main-
» tenant incarcérées pour les motifs défignés dans le tableau
» que je vous mets fous les yeux. »

« J'ai donné des mandats d'ammener contre une centaine de
» Citoyens égarés ou féduits par les Nobles & les Magiftrats
» prévaricateurs de cette Cité. Après leur avoir déffillé les
» yeux & leur avoir fait connoître la profondeur de l'abîme
» dans lequel on avoit voulu les plonger, fur la promeffe qu'ils
» ont faite d'être à l'avenir Patriotes & Républicains, je leur

K

» ai accordé la liberté en les foumettant à la furveillance des
» Corps Adminiftratifs & du Comité Révolutionnaire, chargés
» de févir contre eux, s'ils ne font pas fidèles à leurs enga-
» gemens. »

« Les Subfiftances avoient difparu dans ce Diftrict comme
» par-tout ailleurs ; le peuple fe portoit en foule chez les bou-
» langers & fe plaignoit de n'avoir pas de pain. Des réquifitions
» bienfaifantes ont été adreffées au Directoire du Diftrict ; j'ai
» prononcé des peines févères contre ceux qui ont négligé ou
» refufé d'y obéir, & bientôt on a vu ceffer cette difetté
» factice. Les nobles & les prêtres entretenoient le Peuple
» dans l'ignorance & la fuperftition. Ils retardoient les progrès
» de la Révolution & de l'efprit public : j'ai fait imprimer,
» publier & afficher dans toutes les Communes trois Procla-
» mations & Arrêtés, qui m'ont paru propres à éteindre pour
» toujours les torches du fanatifme religieux. L'argenterie des
» Eglifes avoit été recélée dans beaucoup de campagnes ; la
» remife n'en avoit pas été faite conformément à la Loi : j'ai
» pris toutes les mefures propres à en affurer l'entière exécu-
» tion, & je remets fous vos yeux le tableau de toute l'argen-
» terie dont le dépôt vient d'être fait au Diftrict, dans les
» 88 Communes qui le compofent. »

« La Loi fur les Cloches a été mife à exécution dans l'efpace
.» de trois jours. Les Prêtres affermentés, mais fans fonctions,
» ont été envoyés dans les campagnes pour y travailler & fe
» rendre utiles. Je leur ai propofé ce parti ou celui de l'arref-
» tation, & ils l'ont préféré. »

« Les Communes de Ferrières & d'Amilly étoient depuis
» long-temps divifées avec celle de Montargis, relativement
» aux Subfiftances ; de part & d'autre on s'étoit porté à des
» excès répréhenfibles. Je les ai réunies, j'ai rallié les efprits
» dans une Affemblée Générale ; on s'eft promis réciproquement

» paix & fraternité. Pour cimenter cette union, les Corps conſti-
» tués de Montargis , tous les Citoyens convoqués à cet effet ,
» font allés en foule planter dans ces deux Communes l'arbre
» de la fraternité. »

« Une Ville de ce Diſtrict , Châteaurenard , depuis deux
» ans étoit en proie aux diſſentions ; les Patriotes entre eux
» étoient prêts d'en venir aux mains. J'ai fait faiſir au milieu
» d'une Aſſemblée Générale le chef & l'inſtigateur de cette
» guerre inteſtine , & il a été enlevé au milieu des cris de *vive*
» *la République ! vive la Montagne !* »

« Il reſte un grand acte de juſtice à exercer dans cette
» Commune contre Fougeret , ci-devant ſeigneur , pour faire
» expier à ce deſpote inſolent les vexations commiſes par lui
» envers les Citoyens juſtement indignés de tous ſes attentats. Je
» vous ſoumets un projet d'arrêté que j'ai pris contre lui , & qui
» ne doit avoir ſon exécution que lorſque vous l'aurez ſanctionné.
» Les parens des Défenſeurs de la Patrie , les indigens man-
» quoient de ſecours , de fortes taxes révolutionnaires ont été
» établies dans tous les cantons , & les pauvres par-tout reſſentent
» les heureux effets de la généroſité nationale. L'inciviſme &
» les facultés des individus ont été pour moi le thermomettre
» de ces taxes , qui ont été payées dans les vingt-quatre heures
» & ſans réclamations. Les Patriotes ont fait de leur côté de
» grands ſacrifices pécuniaires , & ont donné l'exemple de la
» bienfaiſance. Les forêts nationales étoient depuis long-temps
» dévaſtées ; j'ai requis la Compagnie Révolutionnaire de veiller
» à leur conſervation , & les déſordres ont ceſſé. Les Impôts
» n'étoient point recouvrés dans beaucoup de Communes , il
» reſtoit des arriérés de 1790 , 1791 & 1792 ; des détachemens
» de cette Compagnie Révolutionnaire envoyés à diſcrétion
» chez les Officiers Munic'paux ou riches Egoïſtes retarda-
» taires par négligence ou mauvaiſe volonté , ont bientôt fait

» rentrer toutes les impofitions dans la caiffe du Receveur du
» Diftrict. J'ai parcouru fucceffivement tous les Cantons de ce
» Diftrict ; par-tout j'ai terraffé l'ariftocratie , fait triompher le
» patriotifme , foulagé l'infortune & fait chérir la liberté. Il
» eft, Citoyen Repréfentant , une foule d'autres objets de détail
» que j'ai rempli & dont je ne vous entretiendrai point, parcé
» que je craindrois d'abufer de votre temps infiniment précieux
» à la République. Je remets entre vos mains tous les Procès-
» verbaux & Pièces juftificatives de ma conduite & du compte
» fuccinct que je viens de vous rendre. Je crois avoir juftifié
» la confiance dont vous m'avez honoré ; rendez-moi ce témoi-
» gnage , il fera la plus douce récompenfe de mes peines &
» de mes travaux.

Après l'expofé de fes opérations , il dépofe fur le Bureau trois
pièces qui juftifient affez que le Citoyen Pignon s'eft acquitté de
fa miffion d'une manière irréprochable , & le Repréfentant voulant rendre au Citoyen Pignon la juftice qui lui eft due, déclare que ce Citoyen à juftifié fon choix & a rempli fa miffion
en vrai Montagnard ; & attendu que les pièces dépofées par
le Citoyen Pignon renferment les témoignages les plus avantageux de l'eftime dont il jouit dans le Diftrict de Montargis,
& pour la propre fatisfaction de ce Délégué , il a ordonné
l'impreffion de ces mêmes pièces qui font conçues ainfi qu'il fuit :

*EXTRAIT du Procès-Verbal de la Séance de la Société
de Montargis , tenue le 20me. jour du 1er. mois de la 2me.
année de la République.*

Un Membre a annoncé un Meffage de la part des membres
du Comité révolutionnaire de cette Ville. La Lettre a été remife fur le bureau.

Le Préfident en a fait auffitôt donner lecture. Elle annon-
çoit le départ fubit du Citoyen Pignon, Délégué du Citoyen

Laplanche, Repréſentant du Peuple, dans ce Diſtrict, & un retour prochain.

Un Membre eſt monté à la tribune, & a dit : Citoyens, j'ai un grand malheur à vous apprendre ; demain le brave républicain Pignon nous quitte ; c'eſt un grand malheur pour cette Cité ; rien ne pourra nous conſoler de cette perte, s'il ne revient bientôt ſiéger parmi nous. En effet, Citoyens, que d'obligations notre Cité & nos Cantons qu'il a parcourus ne lui doivent-ils point ? Ici, il a fait triompher la cauſe de la Liberté & de l'Egalité ; ſon arrivée a été une victoire pour tous les Patriotes, & une défaite entière pour tous les Ariſtocrates, les Fédérés, les Feuillantins & les Modérés. Là, il a démaſqué tous les traîtres & tous les Contre-révolutionnaires ; uſant de la ſévérité de la Loi, il a employé tous les moyens que ſuggèrent les grandes meſures pour réduire tous les malveillans, les gens ſuſpectés dans un état de nullité : c'eſt une obligation que la Société n'oubliera de long - temps.

Le Préſident a pris enſuite la parole, & a dit : C'eſt au Sansculotte Pignon que nous ſommes redevables d'avoir vu ceſſer cette lute continuelle des Ariſtocrates avec les Patriotes ; c'eſt à lui que nous ſommes redevables d'avoir relevé parmi nous l'eſprit patriotique, d'avoir paralyſé les malveillans & enchaîné l'ariſtocratie.

Dans notre Cité & dans tous nos Cantons, il a montré le même eſprit par-tout ; le Républicaniſme l'a animé par-tout ; il a fait triompher le patriote ſur l'ariſtocrate ; notre reconnoiſſance pour lui doit être au-delà de toute expreſſion.

Un autre membre a fait la motion de nommer deux Commiſſaires pour aller auprès du Citoyen Pignon, lui exprimer tous les regrets de la Société.

Des cris de *Bravo !* de *vive la République !* & de *vive Pignon !* on fait retentir toute la Salle.

La Société, par un mouvement spontané, a nommé sur-le-champ les Citoyens Dufour & Huet, & les a engagé d'exprimer au Citoyen Pignon combien elle étoit affectée de son départ auffi subit. De retour, les deux Commiffaires ont témoigné à la Société combien le Citoyen Pignon leur avoit paru fenfible à cette marque de déférence.

La Société, à l'unanimité, a arrêté que dans fon Procès-Verbal d'aujourd'hui il feroit configné que le brave Citoyen Pignon avoit bien mérité de cette Cité & qu'il emportoit avec lui tous fes regrets, ceux des Tribunes & de la Société.

Cet Arrêté a été généralement applaudi & l'on a réitéré les cris de *Vive la République! vive Pignon!*

Expédition conforme à la minute,

Signé, BAYLE, *Préfident,* MORISSET, *Secrétaire.*

EXTRAIT du Regiftre des Délibérations de la Commune de Montargis, Département du Loiret.

Cejourd'hui premier jour de la troifième Décade du premier mois de la deuxième année de la République Françoife, une & indivifible,

Le Confeil-général de la Commune de Montargis extraordi-nairement affemblé dans la Salle publique de la maifon Commune, la Séance a été ouverte par le Citoyen Maire.

Après la lecture du Procès-verbal de la dernière Séance publique, un Membre ayant demandé & obtenu la parole, inftruit le Confeil-général que le Citoyen Pignon, Procureur de la Commune d'Orléans, & Délégué du Repréfentant du Peuple Laplanche dans ce Diftrict, eft fur le point de quitter cette Commune pour aller reprendre fes utiles travaux à Orléans où il eft appelé par le Repréfentant.

A peine a-t-il achevé ce court expofé, que le Confeil-gé-

néral, affecté du départ fi prompt du Patriote Pignon, adopte
à l'unanimité l'Arrêté fuivant :

Le Confeil-général de la Commune profondément affligé de
ne pouvoir poffèder plus long-temps dans fon fein ce Délégué
qui, par la pureté de fon zèle & de fon républicanifme, a
tant de droit à la reconnoiffance de tous nos Concitoyens ;

Confidérant les grands & heureux effets qu'à produit dans
toute l'étendue de ce Diftrict, & notamment dans notre
Commune, l'honorable & importante miffion qui lui eft confiée ;

Confidérant le bien & les fervices inexprimables que ce
Délégué à rendus pendant fon trop court féjour dans notre
Commune, à la chofe publique, & particulièrement aux *Sans-*
Culottes, *aux ardens Patriotes*, qu'il a affranchis & arra-
chés au couteau du fanatifme & de l'ariftocratie, dont nous
étions infectés ;

Confidérant la conduite fage, ferme & vraiment Républicaine qu'a développé ce Patriote pour faire revenir de leur
erreur les Citoyens qui n'étoient qu'égarés, & le nombre des
Profélytes qu'il a faits à la Liberté ;

Confidérant enfin l'énergie avec laquelle ce vertueux Sans-
Culotte à affuré dans notre Commune le triomphe de la
Liberté, & avec quelle intégrité & févérité il a anéanti &
tranché la tête de l'hydre de l'ariftocratie ;

A arrêté, ouï le Procureur de la Commune, de déclarer
que Pignon emportoit les regrets, la reconnoiffance du Confeil-
général & de toute la Commune ; a nommé les Citoyens
Cotelle, Maire, & Jacquemain, premier Officier Municipal,
pour porter au Citoyen Pignon le préfent Extrait, & lui témoigner, au nom du Confeil, le defir qu'il a & le vœu qu'il
forme de le poffèder de nouveau dans fon fein, & le plutôt

poſſible, afin de terminer une miſſion qu'il a ſi glorieuſement commencée pour le bonheur de nos Concitoyens.

FAIT & arrêté en Séance Publique du Conſeil-général les jours, mois & an ſuſdits.

Pour Copie conforme.

Signé DUCHESNE, Commis-Greſſier.

Les Membres du Conſeil Général de la Commune de Montargis, au Répréſentant du Peuple LAPLANCHE, *Commiſſaire de la Convention dans le Département du Loiret.*

REPRÉSENTANT DU PEUPLE,

La Commune de Montargis te remercie par notre organe de ce que, retenu dans les murs d'Orléans par tes grands travaux pour la choſe publique, tu nous a délégué le Citoyen PIGNON pour remplir auprès de nous l'importante commiſſion dont la Convention t'a chargé : perſonne autre que toi ne pouvoit mieux atteindre le but de la Convention & répondre aux déſirs & à l'attente du Peuple ; les Procès-verbaux des Séances publiques te prouveront avec quelle ſagacité & quelle énergie il s'eſt acquitté de cette honorable miſſion : il faudroit que tu fuſſes préſent pour connoître les heureux effets qu'il a opérés dans notre Commune ; l'ariſtocratie, le feuillantiſme & le modérantiſme anéantis ; le véritable républicaniſme & l'amour de la Patrie ayant repris leurs droits ; en un mot, combien l'eſprit public a fait des progrès dans ces jours heureux : tu n'entendrois plus que ces cris d'allégreſſe d'un peuple reconnoiſſant, *vive la République ! vive la Sainte-Montagne !* Nous prenons l'engagement ſacré, Repréſentant du Peuple, de maintenir de toutes nos forces cet eſprit public, ſeul moyen d'accélérer notre heureuſe Révolution, ou de mourir à notre poſte ;

nous

nous t'avouons cependant que Pignon feroit encore néceffaire ici quelque temps pour affermir fon ouvrage. Tels font, Citoyen Repréfentant , les vœux fincères que forment les véritables Patriotes & les francs Sans-Culottes de cette Commune.

Salut & fraternité , Repréfentant du Peuple.

Les Républicains Membres du Confeil Général de la Commune de Montargis.

Signés CERELLE , Maire ; JACQUEMAIN , FRAUQUET , DUFOUR , BOURGOUIN , SALIGOT , DEVOIS , Officiers Municipaux ; CAMPAGNE , RIVE , BIDAUX , Notables ; FORTIN , BLANCHET , Notables ; DESAIGNES , BIZOT , Notables ; & BENOIT , Procureur de la Commune.

Du 1er jour de la 3e décade du 1er mois de la 2e année de la République une & indivifible.

Signé LAPLANCHE Repréfentant du Peuple.

DESIR le jeune, Secrétaire du Repréfentant.

EXTRAIT du Procès-verbal de la Société Révolutionnaire , Séance du 17 Octobre 1793 , (vieux ftyle) l'an deuxième de la République Françoife une & indivifible.

Préfidence de BELLECOURT-ARCHAMBAULT.

LE Repréfentant du Peuple étant venu dans la Société Ré-volutionnaire y a été accueilli aux cris multipliés de *vive la République ! Vive la Montagne !*

Le Préfident a témoigné au Repréfentant la fatisfaction indicible de la Société de le poffeder dans fon fein.

Le Repréſentant a prononcé un Diſcours mâle & énergique avec cette ſenſibilité qui careCtériſe un Repréſentant Montagnard.

« Je touche, a-t-il dit, au moment de mon départ, & je
» ne laiſſe point mon ouvrage imparfait. J'ai été, je l'avoue,
» d'une ſévérité inflexible, mais juſte & irréprochable. »

« La Société Révolutionnaire avoit des torts qu'elle a re-
» connus, déjà je les ai oubliés, & certainement il m'en coûtoit
» beaucoup de n'y pas venir. »

« J'ai épuré les Adminiſtrations fédéraliſtes, & les Adminiſ-
» trateurs en place ont la confiance du Peuple. Les intrigans,
» ceux qui ſous le maſque du Patriotiſme donnoient le ton &
» ſe faiſoient appréhender dans les SeCtions & dans la Société
» Populaire, ſont incarcérés juſqu'à la paix ; les Adminiſtrateurs,
» la Société regénérée vont marcher à pas de Géant dans le
» ſentier de la Révolution. »

« La Cité d'Orléans que, par une prédileCtion ſpéciale, j'ai
» choiſie pour le lieu de ma réſidence, ſera toujours précieuſe
» à mon ſouvenir, & les meſures de rigueur que j'ai priſes
» juſtifient l'équité de ma conduite. »

« Le croâſſement des reptiles du Marais ſangeux n'a rien
» qui m'étonne, bravant les dénonciations & le fer des lâches
» aſſaſſins, j'ai fait ce qu'un Repréſentant impartial devoit faire.
» Mes intentions ſont pures comme l'air que je reſpire : le
» germe du Fédéraliſme eſt extirpé, les faux patriotes démaſ-
» qués & punis, l'hydre ariſtocratique frappé de la maſſue; ſi
» le ſuccès répond à mon attente, je m'applaudis de mon
» travail. »

Le Repréſentant interrompu diverſes fois par les cris unani-
mes de *vive la République* ! *Vive la Montagne* ! continue
ainſi :

« L'aſſaſſinat commis en la perſonne du Repréſentant
» Léonard-Bourdon, ſuffiſamment expié, j'ai tenté de déchirer

» le voile funèbre qui couvroit cette Cité en propofant à la
» Convention d'élever une Colonne au milieu de la Place de
» la Réunion où feroient gravés ces mots : *Tel jour Léonard-*
» *Bourdon a été affaffiné ; tel jour les coupables ont fubi la*
» *peine due à leur crime ; tel jour la Convention a pardonné*
» *à cette Cité en rapportant le Décret de rébellion lancé*
» *contre elle, & a rendu à fes habitans leur exiftence &*
» *leur énergie.* »

« Des motifs ayant fufpendu l'exécution de ce deffein, les
» Citoyens Orléanois ne doivent point porter éternellement lé
» poids des iniquités des fauteurs, ni être victimes de la
» féduction, de l'ignorance, des fuggeftions, ou de toutes
» autres manœuvres perfides qui ont porté des Citoyens à
» figner la fatale Adreffe du feize Mars ; en conféquence, je
» demande qu'aucune ligne de démarcation né foit placée entre
» les fignataires & ceux qui ne le font pas, qu'ils puiffent comme
» tous les Citoyens être admis dans les Adminiftrations pu-
» bliques, la Société Populaire, & que tous ne faffent qu'une
» même famille de frères furveillant l'intrigue & foudroyant
» l'ariftocratie. »

L'Affemblée par un mouvement fpontané a adopté à l'unanimité la propofition du Repréfentant.

Le Repréfentant du Peuple, defcendu de la tribune, a
donné le Baifer fraternel à plufieurs Membres qui l'entouroient ;
le Citoyen Guillon, ancien notaire, l'un des Secrétaires, a eu le
même avantage : ce témoignage de fraternité prouve évidemment
qu'il a confervé la bienveillance & l'eftime du Repréfentant.

Un Membre a demandé que le Repréfentant, qui venoit de
prendre place auprès du Préfident, pour donner une nouvelle
faveur à la réunion de tous les Citoyens, mît aux voix fi Aignan,
Procureur-Syndic du Diftrict à Orléans, feroit admis dans la
Société Républicaine.

L'épreuve n'a pas été douteufe; Aignan a été unanimement agréé. Aignan a profité de l'occurrence pour offrir fa gratitude à la Société Populaire, l'affurer de fon dévouement, & a prêté le ferment de fidélité à la République & de mourir à fon pofte.

Pour Extrait conforme.

Signés Borday, Lesourd, Guillon, Secrétaires.

Un Membre a repréfenté comme objet important d'inviter le Repréfentant du Peuple à effacer les inculpations faites à la Société Révolutionnaire, & qu'extrait du Procès-verbal de cette Séance fût inféré à la fuite de celle du 3eme jour de la 3eme décade du 1er mois, tenue à S. Paterne. L'Affemblée y adhérant a nommé une Députation de quatre Membres pour aller de fuite chez le Repréfentant, favoir, Defir le jeune, Touvenon le jeune, Chenau & Marie.

La Députation a rapporté une réponfe favorable, & l'adhéfion du Repréfentant à fa follicitation.

<hr>

A ORLÉANS, chez L. P. Couret, de l'Imprimerie du Département, rue du Colombier.